経営専門職入門

幸福をもたらす
社会ビジネスデザインとは

矢野昌彦・今永典秀・世古雄紀・
新保友恵・宮坂まみ・冨田裕平・三宅章介　著

日科技連

はじめに

　現代ビジネスの潮流は、短期志向から長期志向(10年単位)にパラダイムシフトし、ESG投資など非財務領域の価値創造も重要になってきている。特に、コロナ禍を経て、企業・組織の非財務力の強化を通じて未来の収益が持続的に拡大していく一貫性ある投資が世界の主流となりつつある。

　今まで、主流であった「株主資本主義」が、お金持ちと貧乏人の格差を広げ続けた過去の反省ともいえる大きな変化である。

　新しい概念である「ステークホルダー資本主義」は、2020年1月のダボス会議(世界経済フォーラム)の主題となり、企業は株主の利益を第一とするべしという「株主資本主義」ではなく、顧客、従業員、サプライヤー、地域社会、株主といったあらゆるステークホルダーの利益に配慮すべきという考え方が主流になってきている。

　具体的には、地球環境問題への積極的な対応や、地域社会・取引先・スタートアップへの投資、従業員への投資と公正な配分、グローバルな労働市場における人権の尊重と格差の是正などが求められている。

　この流れは、三方よし(売り手よし・買い手よし・世間よし)に「未来よし」を加えた概念ともいえる。

　このような未来志向は、企業だけなく、官庁や大学にも波及しつつある。今までの大学は、基礎学力重視で、職業教育にあまり注力してこなかった。そのため、企業は新卒者の職業教育を段階的に、時間をかけて実施しなければならなかった。さらに幹部養成には、ビジネスにかかるスキルやマネジメントなどの職業教育に、多くの時間を費やす必要があることが課題であった。

　このような中で文部科学省も2019年度から専門職大学の認可を開始し、職業教育に力を入れるようになり、未来を志向した領域の専門職を養成していく大学の設置が増えてきた。

　名古屋産業大学では、2021年度から文部科学省の認可を受け、学科として

は日本初の「経営専門職学科」の設置が決まった。経営専門職とは、「未来志向で、デジタル社会の変化に適応した事業の創造と再構築ができる人材」と定義し、既存の中小企業の後継者や起業家を育成していく予定である。

本書は、その記念もかねて、経営専門職学科および現代ビジネス学科の教員により、上梓した。

本書の読者層は、将来、経営者になりたいと考えている学生のみならず、経営企画、財務経理、マーケティングなどの部署の担当者やデジタル情報を活用し、事業や業務の分析・企画・立案・推進・改革を担う方々にも読んでいただきたい。

今後は、新卒一括採用の見直しが進む中で、ジョブローテーションによるキャリア形成とは異なり、ジョブ型雇用による自律的キャリア、即戦力となる経営専門職の採用が主流となる時代が来ている。

AI、IoT、ロボットの活用が進むデジタル時代に、社会を変える事業モデルの構築や経営革新を進め、ステークホルダー全員が、誰1人取り残さず、幸せに存続し続けるエコシステムを構築していくことをめざしていきたい。

また、本書の編集にあたり、貴重なアドバイスをいただいた日科技連出版社の木村修氏に心から感謝の意を表したい。

2021年2月

著者代表　矢野 昌彦

経営専門職入門
幸福をもたらす社会ビジネスデザインとは

目　次

第6章　管理会計を活用した中小企業の価値創造……113

第7章　技術・技能の伝承と人材育成………129

装丁・本文デザイン＝さおとめの事務所

第1章

社会ビジネスデザインと起業家育成

1.1　「社会ビジネス」とは

　企業は、持続的に社会に貢献し続けることで存続の意義があるといわれているが、「社会ビジネス」の定義からまずは考えてみたい。

　「社会ビジネス」とは一般にソーシャルビジネスともいわれ、社会課題の解決を目的とした事業である。社会ビジネスの領域は人の貧困・健康や人種差別・格差問題や環境・エネルギー問題など、多岐にわたる。最大の特徴は寄付金などの外部資金に頼らず、自社で事業収益を上げ続けることで、持続的な事業価値と社会的価値の創出の両面を有する点である。競争戦略論で有名なマイケル・ポーターが提唱する CSV（Creating Shared Value）も同義と考えられ、一般に「共有価値の創造」といわれている（図表 1.1）。

　「共有価値の創造」とは、企業が社会課題などに主体的に取り組み、社会に対して価値を創造することで、経済的な価値が創造されることを意味している。

　CSV 事業領域へのステージアップには、以下の 3 つの道筋がある（図表 1.2）。

【CSV 事業領域への 3 つの道筋】

① 　今まで放置されてきた社会課題や市場として気づかなかった社会課題を解決しながら収益を上げていくビジネスモデルを構築する。

② 　NPO 事業領域から、事業の価値を高めて収益水準を高めることにより、持続的に社会課題を解決し続けるビジネスモデルへと刷新を図る。

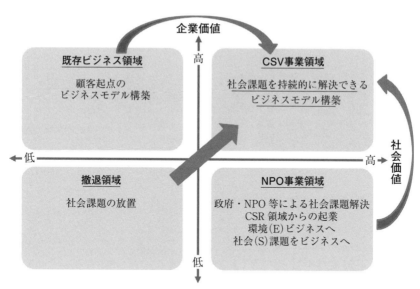

図表 1.1　CSV 事業領域へのステージアップ

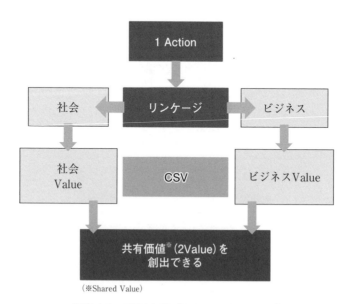

(※Shared Value)

図表 1.2　CSV とは「1 Action 2　Value」

> ③ 顧客起点のビジネスモデルから、社会への悪影響の削減または社会
> をいい方向へパラダイムシフトさせるビジネスモデル改革を図る。

　特に、中小企業にとっては、CSV アプローチが一番重要と考えている。CSV アプローチとは「1 Action 2 Value」を実現する仕掛けと仕組みである。

　大企業は、本業の収益を CSR 活動として、社会還元していくことが可能であるが、財政基盤の余裕のない中小企業は、1 つの施策で、社会と顧客へ 2 つの価値創造をし続けるビジネスモデルの構築・維持・発展が不可欠である。

1.2　未来から見た「いい会社」とは

　大局的に見ると、社会ビジネスが未来にも必要な存在であることは、誰しも一致するところである。そこで、「遠い未来も存続し続けるいい会社」の条件は何かについて考えてみたい。未来にも存在意義がある会社は、人視点でみると、幸せを提供する会社である。また、社会視点でみると、よりよい環境を提供する会社と考えられる。以下が文献調査から見た主な特徴である。

　① 未来社会のニーズにフィットした事業の創出・進化ができている会社
　② トップが未来計画を語り、社内外で「見える化」され、公表されている
　　　会社
　③ 顧客・社員・構成員・協力会社における多様性の進化と幸せを実現でき
　　　る会社

　未来から見たいい会社は、2 つの軸から構成される（図表 1.3）。

　第一の軸は、「事業の創出・進化軸」である。ビジネスモデルの進化を通じて、主力事業のみでなく、新規事業の創出に取り組み、バリューチェーンエコシステムの構築を通して、「人の幸福×社会に貢献できる事業」を創出し続ける会社である。

　第二の軸は、経営管理領域での「ESG（環境、社会、ガバナンス）基盤の構築軸」である。既存の高い技術、ノウハウを基盤に、リスクと機会の見える化に取り組み、環境、社会課題の解決に取り組むことで、ESG/SDGs（持続可能な開発目標）経営の高度化に取り組んでいる会社である。

　歴史を振り返ると、過去から現在まで「いい会社」と評価されている企業の

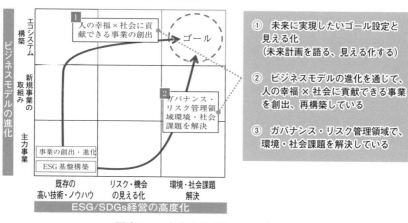

図表1.3　未来から見たいい会社とは

事例が日本には多数ある。上場企業になると、短期的に収益を上げて、株主への配当をしっかりとしている会社が評価されてきたが、短期的な利益ではなく、長期的な利益の創出も重要になりつつある。中小企業は、オーナー＝経営者も多く、社員の家族も含め接点を持ち、面倒をみている愛のある会社も数多く存在する。ここでは、非上場会社も含め、いい会社の共通すべき社会基準を考えてみよう。特に、「未来に幸せになる会社の社会共通基準」を明確にしていく必要がある。

　以下に価値創造を続け、存続できる企業の評価項目と基準の一例を示す（図表1.4）。

① **トップの人柄・リーダーシップ**

　トップは、会社の未来像を自分の言葉で語り、有言実行している。

② **いい組織風土**

　部下が上司に意見できる。／社員同士がデザイン思考、ポジティブ思考で議論できる。／風通しのよさがある。／自由にトップに直言できる。

③ **リスク管理**

　社内または顧客・取引先から悪い情報はすぐに聞こえてくる。

④ **多様性への進化**

　毎年、人材の多様性が進化し、女性の視点や外国人の視点を踏まえた改善が

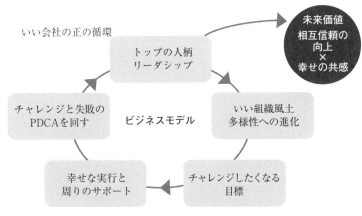

図表 1.4　いい会社の正の循環モデル

進んでいる。

⑤　**チャレンジしたくなる目標**

　組織ごとおよび個人ごとの適切な目標の設定や、多様性や個性、能力を考慮したチャレンジ目標に取り組んでいる。

⑥　**いい組織風土**

　幸せな実行ができるように周りのサポートがある。

⑦　**幸せな実行**

　施策に失敗しても、再チャレンジが何度でもできる。

⑧　**階層別サクセッションプランの有無と仕組み**

　トップおよび組織の長の後継者は、それぞれ選び方が決まっている。

⑨　**持続力を支える SDGs/ESG 情報把握**

　お客様・取引先の SDGs の取り組みや生の声を把握し、提案を実施している。

⑩　**未来宣言と経営計画とのリンク**

　未来宣言で設定した KPI（Key Performance Indicators：重要業績評価指標）を、現場の評価指標や人事評価に連動させている。

1.3　幸せ組織の創り方

1.3.1　幸せ組織とは

　企業は、幸せな組織を作るため、日夜努力している。特に、経営管理（ガバ

ナンス）領域で、トップは、ミッション・ビジョン・バリューや経営計画の周知徹底のみでなく、階層別の双方向のコミュニケーション促進などが重要な要素であり、以下に幸せ組織の作り方のポイントをまとめてみた。

①　すべての社員に判断の裁量を与える。

②　すべての社員に情報を共有する。

③　多様性と人権を尊重する。

④　成果についてフィードバックを丁寧に行う。

という4つの方法が有効であり、その結果として、以下のような成果が期待される。

1)　長く勤めることができる。

2)　周りと協調的である。

3)　家族的な付き合いがある（組織の壁がない）。

4)　学べる上司や専門家・相談相手がいる。

5)　学べる機会や仕事がある。

6)　利益配分の方法が適切で、資本家寄りではなく従業員寄りである。

7)　オープンハートな組織である。

8)　社長に魅力がある。

9)　オーナー（資本家）と社長（経営執行者）のコミュニケーションがしっかりしている。

10)　社員間のコミュニケーションが円滑である。

1.3.2　幸せ組織の事例紹介

いい会社の事例を【経営視点】と【投資家視点】から2つ事例紹介する。

⑴　【経営視点】伊那食品の事例

【経営視点】伊那食品の事例
・企業理念
　いい会社をつくりましょう　～ たくましく そして やさしく ～
・トップメッセージ
　当社は最高顧問が社員の幸せを追求する「年輪経営」を掲げ、50年以上

実践してきました。まだまだではありますが、このあるべき姿を追求し、実践することが、当社にとっても私にとっても「挑戦」だといえます。そして、この思いをさらに進化させ、永続できるようバトンを引き継いでいくことが、私の役割です。まだまだ未熟ではありますが、社員とともに成長し、永続をめざしていきます。

- **当社の目的**

「社員をはじめ、取り巻く人を幸せにする」

お金がすべてではありませんが、今の時代、幸せになるためにはお金は必要な要素です。ですから、幸せになるためにはお金、収入を増やす、つまり人件費を増やすことが目的そのものだと考えます。

- **「幸せになるために」**

人は、成長することに喜びを感じます。だからこそ、自分の時間を成長するために使うことが、自分の人生を大事にすることであり、会社はそのための教育機関、学びの場といえるのではないでしょうか。

また、当社ではあまり数字目標を設定しません。売上目標、利益目標、生産性等、数字での目標は設定することはほとんどないのです。

- **「いい組織のために」**

当社がめざすのは「家族」です。当社では「伊那食ファミリー」という言葉があり、社員＝家族と考えています。なぜなら、家族は最小の組織の単位ですが、お互いに、協力しあい、一枚岩になれるからです。

家族をめざすのですから、当社の人事評価、仕組みは成果主義ではなく、基本的には年功序列です。

⑵　【投資家視点】鎌倉投信の事例

【投資家視点】鎌倉投信の事例

鎌倉投信が設定運用する投資信託「結い 2101」は、「いい会社」の評価基準を定義し、投資信託を通じて受益者に収益を還元している。同社はCSV アプローチを実践している金融機関の１つであると考える。

鎌倉投信の当該投資信託では『２つの視点』に基づき『３つのテーマ』

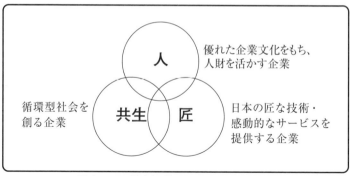

図表 1.5　鎌倉投信の 3 つの投資テーマ

に合致する「いい会社」に投資している。

『2 つの視点』

① 　これからの日本に必要とされる企業

② 　顧客・消費者、社員とその家族、取引先、地域、自然・環境、株主等を大切にし、持続的で豊かな社会を醸成できる企業

　具体的には、本業の成長そのものが社会の持続性を高め、会社にかかわるすべてのもの(ステイクホルダー)との調和を図りながら、その会社自身が持続的に成長する会社のことです。自己の利益を過度に重視し、短期的な利益追求に奔走する会社ではありません。

　『3 つのテーマ』は以下の図表 1.5 のとおりである。

　鎌倉投信の、「投資はまごころであり金融とはまごころの循環である」という投資哲学、「いい会社がいい会社であり続ける限り応援し続ける」という投資姿勢に変更はありません(出典:同社「社会の持続的発展に向けた取組方針　対応状況の報告(令和 2 年 6 月 29 日)」より)。

1.3.3　幸せ組織の維持と進化のために

　オーストリアの精神科医、心理学者、ヴィクトール・エミール・フランクル(1905 – 1997)によれば「人間が実現できる価値は創造価値、体験価値、態度価値の 3 つに分類される」という。

　創造価値とは、人間が行動したり何かを作ったりすることで実現される価値である。仕事をしたり、芸術作品を創作したりすることがこれに当たる。

　体験価値とは、人間が何かを体験することで実現される価値である。芸術を鑑賞したり、自然の美しさを体験したり、あるいは人を愛したりすることでこの価値は実現される。

　態度価値とは、人間が運命を受け止める態度によって実現される価値である。病や貧困やその他さまざまな苦痛の前で活動の自由（創造価値）を奪われ、楽しみ（体験価値）が奪われたとしても、その運命を受け止める態度を決める自由が人間に残されている。

　ユダヤ人のフランクルはナチス政権下のアウシュビッツ強制収容所という極限の状況の中にあっても、人間らしい尊厳のある態度を取り続けた人がいたことを体験した。フランクルは人間が最後まで実現し得る価値として態度価値を重視するのである。

　幸せな組織を創造し、継続させるには、この３つの価値のうち態度価値の実践が欠かせない。特に、経営者や組織の長にこそ態度価値が必要である。

　特に、病気や障がいによって、会社や職場で今までの役割が困難になっていく人や成果がなかなか上げられない人への態度が重要である。

　経営者は、人権の配慮とともに、仕事の中に生きる意味を見つけ、持続化させることで、体験価値から創造価値へと進化させていくことが重要となる。組織的な対応としては、例えばメンター制度などを活用し、心の安定化を基礎に組織内のお互いが、失敗を恐れず、チャレンジしやすい環境を創り、進化し続けることで幸せの連鎖が生まれてくるであろう。

1.4　デザイン経営の重要性

　最近、企業の競争力向上の１つの施策として、デザイン経営の重要性が語られるようになってきた。経済産業省・特許庁の「産業競争力とデザインを考える研究会（2018 年 5 月 23 日）」によれば、「デザイン経営」とは、デザインを企業価値向上のための重要な経営資源として活用する経営である。と定義されている。

　「デザイン経営」は、特にブランド力とイノベーション力を向上させる経営の姿といえる。「デザイン経営」の必要条件は、以下の 2 点である。

　①　経営チームにデザイン責任者がいること

②　事業戦略構築の最上流からデザインが関与すること

　デザイン責任者とは、製品・サービス・事業が顧客起点で考えられているかどうか、またはブランド形成に資するものであるかどうかを判断し、必要な業務プロセスの変更を具体的に構想するスキルを持つ者をいう。

　デザイン経営を実践するには、デザイン思考やバックキャスティング手法などの思考プロセスも重要である。結果として、顧客に受け入れられ、愛される商品・サービスを生むためのプロセスとして、十分条件を考えてみよう。

　デザイン経営の十分条件は、ミクロ視点では、顧客がユーザー体験を通じて、幸福感を得ることである。マクロ視点では、誰 1 人取り残さないことであり、未来に「持続可能なスマート社会」やSDGs 達成のエコシステム構築ができることであろう。そのためには、「ビジネス」としての事業哲学や美意識をもとに、他業種やスタートアップなどと、事業連携やアクセラレーターなどのオープンイノベーションを推進し、社会課題の解決など事業の共創が重要な取組みであると考えられる（図表 1.6）。

　また、イノベーション基盤として、ノウハウを含めた人材や技術の基盤であるデジタル・ICT 技術、生産・販売・ユーザーの使用実態をシームレスに把握できる技術や、ナノベースで素材の開発から活用までのプロセス技術・サイ

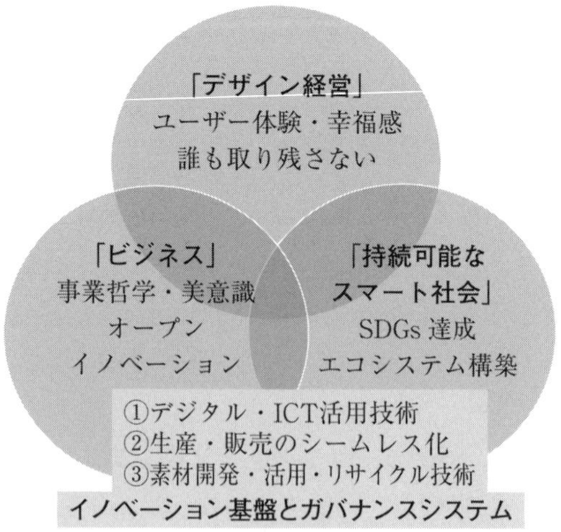

図表 1.6　「デザイン経営」の必要十分条件とは

クル技術やそれらを担う人材が必要条件となってくる。

さらに、スマートな使い方の裏には、情報セキュリティ強化や不正防止が重要で、特にお金が絡むところに不正が発生しやすく、スマートで、かつすぐその予兆が発見できるガバナンスシステムが望まれる。人間は、公共の場で見られているとなかなか悪いことはできないし、初期段階であれば、改善も見込まれる。

今後、デザイン経営を進化させていくためには、すべてのマネジメントプロセスの中にデザイン思考をビルトインしていくことが必要である。デザイン思考は、人が気づかないニーズを掘り起こし、「見える化」していくプロセスでもあるからだ。

過去に成功体験があるメーカーほど、大量生産から多品種少量・個別生産の時代であることを十分に認識しているものの、供給側の思い込みを排除しきれていないのが現実である。

デザイン経営を進化させるために重要なことは、顧客観察と顧客理解である。そうして気づいた潜在的なニーズを、誰のために何をしたいのかという原点に返ることで、既存の事業に縛られずに、事業化を構想できる。

事業を構想し、失敗も多く体験した人にヒアリングすることも重要である。顧客視点とプレーヤーの失敗体験の抽出することで、成功確率を上げることができる。

また、顧客理解を深めるために、UX（ユーエックス）デザイン手法も有効である。UX とは、User Experience（ユーザーエクスペリエンス）の略で、一般に「ユーザー体験」と訳されている。ユーザー体験とは、ユーザーが製品やサービスを利用することによって受ける印象のことを指し、そのユーザー体験をデザインすることを「UX デザイン」という。

ユーザー体験を学ぶには、現場の実態を経験することが早道である。経営コンサルタントがよく用いる方法であるが、営業や生産の現場を、最初は一緒に体験し、その中からより効率化され、合理的かつ単純化した価値創出の方法を考え出すことができる。これが仕組化できれば、顧客への価値創出のやり方を変え、顧客満足度を高めることができる。

「デザイン経営」の３つのポイントを以下に整理する。

> **【「デザイン経営」の３つのポイント】**
> ① 　ビジネス価値創造のための事業全体のデザイン＝事業の哲学・美意識の本質を表現する世界観を「見える化」する。
> ② 　社会課題解決のためのビジネスモデルデザイン＝社会に内在する潜在的ニーズ、顧客の本質的課題を発見し、デジタル活用などでビジネスモデルを構築し、課題解決を行う。
> ③ 　製品・サービスそのもののデザイン＝UXを含む顧客体験の品質を持続的に向上させていく機能をアップデイトし続ける仕組みをつくる。

1.5　新規事業創出・起業の進め方

　新規事業の創出において、無(0)から有(1)を生むことは、難しい。デザイン経営を活用し、顧客の深い理解や社会課題の発見を進めるには、今の常識を観察し、社会のマイナス要素を発見し、新しい定義づけの中で、仲間と仕組みを作っていくのが実践的なアプローチ手法となる。

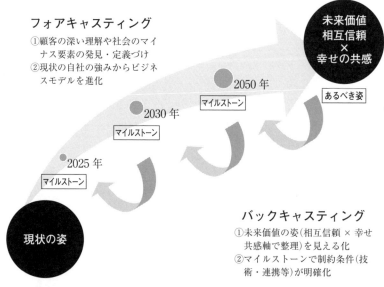

図表 1.7　フォアキャステティングとバックキャスティングの違い

　このアプローチは、今まで、現在を起点として未来を見るフォアキャスティングで考えられ、商品・サービスが持つユーザー接点における課題を洗い出し、その解決策を提案するうえで大きな効果を発揮してきた。

　しかし、今後は、未来視点からバックキャスティングで考えることが特に、重要になってきている。未来の姿（世界観）から現在まで、階段を下りていくことで、マイルストンが明確化され、制約条件（技術・連携などの必要性）があぶり出されるメリットがある（図表1.7）。

1.5.1　未来予測とデジタル社会を考える

　未来の姿は、技術の進化を見据えれば、予想可能である。例えば、効率よく（エネルギーのロスが少なく）水から水素を作ることができるようになるのはいつであろうか？　これは時期の問題でありいずれ実現するであろう。この時期の予想を間違えると、関連ビジネスも時期尚早で市場創造ができなかったり、事業パートナーが集まらなかったりして失敗する。

　未来予測において、一番重要な流れがデジタル社会である。特にデジタル社会が、AI、ロボット、センサー、IoT、5Gから6Gへなど技術の進化を踏まえて、人に幸福や満足・充実感、便利・スマートなどさまざまな働く場所や生活の場所で展開されていくであろう。特に、人の幸福に直結する3つの間（瞬間、時間、空間）をどのように創造していくかが、デジタル活用のビジネスモデルの構築につながっている。例えばシェアリングサービスやサブスクリプション（一定期間の利用権として料金を支払う方式）もその1つである。

　また、未来が予想できることで、幸せの共成×相互信頼が見える化され、すばらしい社会を実現できる。

　人が幸福になるためには小さなできごとの「幸せ体験」の積み重ねが大切である。まずは、未来社会を予測し、現在のビジネス環境・働き方や生活とのギャップが見える化されることが重要である。

　図表1.8にデジタル活用の未来社会とバリューチェーンの変化を示す。

　これからのバリューチェーンは、各プロセスの生産性向上やシームレス化が進み、エンドユーザーの行動、データ活用が分析され、開発段階からアジャイル開発が進化する。アジャイルとは「素早い」「俊敏な」という意味で、反復（イテレーション）と呼ばれる短い開発期間単位を採用することである。アジャ

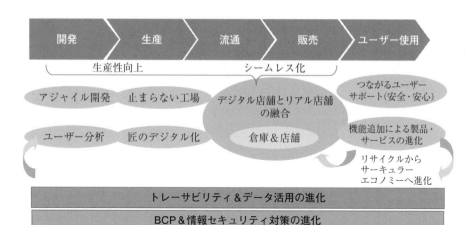

開発　生産　流通　販売　ユーザー使用

生産性向上　シームレス化

アジャイル開発　止まらない工場　デジタル店舗とリアル店舗の融合　つながるユーザーサポート(安全・安心)

ユーザー分析　匠のデジタル化　倉庫＆店舗　機能追加による製品・サービスの進化

リサイクルからサーキュラーエコノミーへ進化

トレーサビリティ＆データ活用の進化

BCP＆情報セキュリティ対策の進化

図表 1.8　デジタル活用の未来社会とバリューチェーンの変化

イル開発により、リスクを最小化し、リードタイムの短縮やサーキュラーエコノミーの市場化が進むことが予想される。ソフトウェア業界だけでなく、ハードウェア業界でも、アジャイルはどんどん進化し、本格化する。生産現場においても、失敗事例が蓄積され、AI、ロボットが自動的に活用されることによって、うっかりミスや慌て者エラーなどヒューマンエラーが最小化されるであろう。

　流通と販売プロセスは、デジタル活用によって、大きな変化が予想される。

　デジタル店舗である EC サイトとリアル店舗が融合し、消費者は、リアル店舗の体験とデジタル店舗の両方を楽しむようになっていくであろう。

　ただし、リアル店舗の延長線上にデジタル店舗があるのでなく、デジタル店舗の中に、リアル体験の１つの機会として、リアル店舗が活用されることになろう。支払いなどの決済は、すべてデジタルで行われ、店舗では、そのデータをもとに来店者の好みを反映した接客を実施し、顧客満足を得ていただくスタイルが一般化するであろう。

　接客、コンサルティングは、未来を幸せにするための提案活動として重要な職業に位置づけられるであろう。特に、B to B ビジネスにおいては、専門家としてのデジタル活用のコンジェルジュやコンサルティングサービスが重要な位置づけになってくると予想される。パソコン１つで、さまざまな場所と時間帯でユーザーサポートが受けられる。

　また、一般のユーザーの購買活動にも大きな変化が考えられる。それは、「ユニバーサルデザイン」商品・サービスの市場拡大である。ユニバーサルデザインとは「誰も取り残さない」をコンセプトにデザインされた商品・サービスである。例えば年齢・性別・能力などの違いにかかわらず。誰でも安全にスマートに使えるような工夫がされ、持続可能性が高いのが特徴である。

　以下に、ユニバーサルデザインのコンセプトを整理する。また、ユニバーサルデザインの3要素を図表1.9に示す。

【ユニバーサルデザインの3要素】

① 健常者、障害者にかかわらず、あらゆる人が使いやすい商品・サービスであること

② 持続的に機能追加や部品交換で安全に使い続けられること（サーキュラーエコノミーへ進化）

③ 感覚的にすぐに使用ができて、簡単に壊れない（マニュアルレス）

　この3つの要素は、デジタル化が進むことにより、顧客接点が増えることにより、顧客の状況や顧客の課題・行動・嗜好が、手に取るようにわかり、商品・サービスの継続的改善や機能アップの改良が進むと考えられる。提供者サイドで考えると、企業間格差となって、競争力の格差が「見える化」されるともいえる。特にメーカーは、エンドユーザー起点でサーキュラーエコノミーへの対

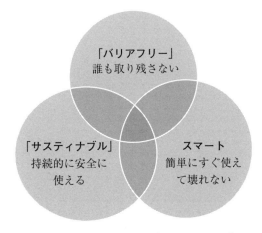

図表 1.9　ユニバーサルデザインの3要素

応を迫られているといっても過言ではない。

　デジタル活用の進化は今の顧客の状態を起点に、改革・改善をサービス提供者として価値提供していく社会に変わっていく。以下が重要な変化ポイントである。

① デジタル活用が進む企業とそうでない企業の二極分化が進む。

② デジタル店舗が主となり、リアル店舗との融合が進む。

③ 安全・安心起点のユニバーサルデザインの製品・サービスが売れて、毎年進化し、減価償却がなくなる製品・サービスも登場する。

④ 顧客接点を握るサービス提供者がバリューチェーンの中核となり、下請けとしてのメーカーに甘んじる例が増えていく。

1.5.2　起業とイノベーション推進

　起業し、ビジネスが発展していくためには、顧客にとっての価値が継続しなければならない。またはバリューチェーンに何らかのイノベーションを伴う必要がある。

　イノベーションは、「連続的な改善」でなく、「非連続な改革」といわれているが、その原点は、シュンペーターである。1912年刊行の『経済発展の理論』[5]において，シュンペーターは、経済の動態的発展はプレーヤーによる〈革新〉ないし〈新結合〉によって可能になると主張した。『経済発展の理論』は、最近でもわかりやすく翻訳され起業や新規事業創出のベースとなっている。

　例えば、起業や新規事業の中でも特にアイデアを生み出す領域のプロセスに焦点を当てて、以下の成長プロセスが考えられる

1) アイデア創出（0 から 1 へ）

2) プロトタイプから、より早く、事業として利用できる形をめざす（1 から 10 へ）

3) 量産化・発展プロセス（10 から 100 へ）

以上は、「事業創出」「事業実現」「事業拡大」の 3 つのプロセスが必要である。リアルビジネスからデジタル型ビジネスになるほど、成長のスピードが速くなる。特に社会のニーズを利用者視点で見きわめ、新しいデジタル価値と結び付ける、すなわちデザイン思考が介在してはじめてイノベーションが実現する。

　イノベーション推進については、アメリカは、大胆に発想し、無から有を作

り出すことが得意で、日本人は改善が得意といわれることがあるが、本当にそうであろうか?

一般に日本企業でイノベーションが生まれない原因は、以下に整理できる。

① 顧客のニーズ探索や真の理解よりも、社内の上司・人間関係が優先されている。

② 組織間の壁や事業部間の足の引っ張り合いがある。

③ 自前主義で社外ネットワーク等のオープンイノベーションができていない。

④ 失敗を認める風土がないため、チャレンジしづらい。

以上のような組織風土を改革するために大企業とスタートアップ(新たなビジネスモデルを開発し、短期間で急激な成長をめざす企業)など連携が進んできており、今まさに、組織風土の変革が進んできている。

1.5.3 未来計画とKPI(重要業績評価指標)

企業にとって存在意義である創業の理念・ミッション(存在意義・使命)、ビジョン(未来のあるべき姿)、バリュー(価値観)とビジネスモデルの関連性は特に重要である。

優れた戦略や未来計画も、社員やパートナー、協力者が動かなければ絵にかいた餅になりかねない。特にコアメンバーが共感できる企業理念や未来計画を持つことが「いい会社」にとって特に重要であると痛感している。

現代ビジネスの潮流は、儲けるだけでなく、ESG/SDGsなど社会に役に立つ事業を通じて社会課題を解決し、企業価値の向上とともに社会の価値を上げていくことが問われている。経営者が未来のあるべき姿とビジネスモデルを明確に示すことによって、価値創造全体を俯瞰した視点を提供することができる。

特に、バリューチェーン視点でパートナーとの連携していくことが成功への近道である。以下にSDGs×イノベーション(未来計画)の事例を紹介する(図表1.10)。

未来計画の策定において、計画の中で、ESGに関する開示も重要である。

特にガバナンスにおいては、適切なリスクテイクを促すといった攻めのガバナンスと、不祥事の予防と不祥事が起こった場合の適切な対処といった守りのガバナンスの双方が機能しているかどうかを判断できる開示が望ましい。

図表 1.10　SDGs×イノベーション（未来計画）の事例

未来像		目標番号	活動テーマ・事業内容	KPI（目標・目標値）	達成期限	マーク
区分	優先順位	[サンプル事例]　健康増進事業で人々の健康寿命を延ばす［事業］ サプライチェーン全体の人の健康と環境への悪影響の最小化への取り組み［活動］				
事業	1	3.3　2030年までに伝染病を根絶する（コロナ対策の推進含む）。	・免疫力を高め、感染を予防する「健康増進プログラム」の開発・販売	① 健康リスクの特定と予防のための推進プログラム開発 ② 大学との共同開発推進 ③ IT企業と連携して販売	2022年	3 すべての人に健康と福祉を
事業	2	4.4　2030年までに、技術的・職業的スキルなど、雇用、働きがいのある人間らしい仕事及び起業に必要な技能を備えた若者及び成人の割合を大幅に増加させる。	・WEB配信教育を通じて、人間らしく働き甲斐を感じる教育を実施する。 ・社会起業家を育成する。	① 健康増進＆教育プログラム販売件数　1000件/月 ② 社会起業家数 3名/年 ③ ICTスキル教育 100名/年	2025年	4 質の高い教育をみんなに
活動	1	12.4　人の健康や環境への悪影響を最小化するため、化学物質や廃棄物の大気、水、土壌への放出を大幅に削減する。 12.5　廃棄物の発生を大幅に削減する。	・健康と環境への悪影響を最小化する取り組み ① 健康状態のモニタリング機器の導入による健康経営の推進 ② 製品ライフサイクルを通じたサーキュラーエコノミーの推進	① 社員及びサプライヤーにIoT機器を導入し、体調管理や健康悪化の予兆改善サービスの利用 ② 個人の体調モニタリングによる早期発見・改善事例の推進 ③ 製品寿命を考慮した3Rシステムの稼働	2025年	12 つくる責任つかう責任
活動	2	8.8　すべての労働者の権利を保護し、安全・安心な労働環境を促進する。 4.7　すべての学習者が、持続可能な開発を促進するために必要な知識及び技能を習得できるようにする。	サプライチェーン安全・安心教育の推進 ① 取引先・協力会社を含めた安全教育の浸透 ② 人権を含む安心教育の浸透	① サプライチェーン全体の労働災害発生率0 ② 致命的及び非致命的な労働災害の発生率の完全ゼロ化に取り組む。 ③ 安全・安心教育の実施率100%	2025年	8 働きがいも経済成長も 4 質の高い教育をみんなに

　ガバナンスの体制やプロセスだけでなく、今後は、特に、社外役員の真摯な発言、取締役会等における議論の状況、取締役会の有効性評価等、ガバナンスの運用状況について報告することが重要になってきている。

1.6　起業家育成に向けて

　事業が継続的に発展してきた背景として「売り手よし」「買い手よし」「世間よし」と称して「三方よし」といわれているが、未来を明るくするためには「未来よし」を加えて「四方よし」といわれるようになってきた。そのためには、未来を担う起業家を育てていく必要がある。

　日本における企業の課題には、以下のようなことがある。
① 　中小企業の割合が高く、成長がない
② 　少子高齢化が進行し、後継者がいない
③ 　デジタル社会への移行に適応できていない

上記日本企業の課題を解決し、未来の経営者・起業家を育成するためには、3つのルートが考えられる。

1)　スモールスタートで起業し、社会の変化に適応したビジネスモデルを構築していくルート(起業家育成)
2)　若手・中堅クラスで将来の経営者候補を経営専門職(経営スペシャリスト)として採用し、数年後に事業承継をしていくルート
3)　経営専門職(経営スペシャリスト)として独立，または、経営コンサルタント会社で事業共創を実践していくルート

　未来社会は、デジタル社会とリアル社会に壁がなく、相互に連携し社会の課題を解決していくビジネスが想定されている。

　名古屋産業大学では、「デジタルデータの知識技能を駆使し、企業経営や社会の変化に対応した事業の実践を通じて、価値創造に貢献する専門職人材を養成する」と宣言し、経営スペシャリストを育成し、輩出することで、ユニコーン企業(創業してから10年以内、企業価値評価額10億ドル以上、未上場のテクノロジー企業)が多数活躍している未来にチャレンジしている(図表1.11)。

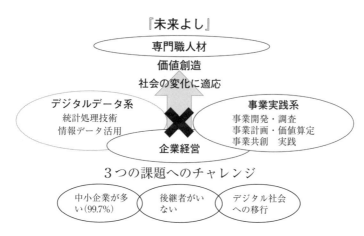

図表 1.11　経営専門職人材の育成事例（名古屋産業大学）

第 1 章の参考文献

[1]　三菱 UFJ リサーチ＆コンサルティング：『CSV 経営による市場創造』、日科技連出版社、2015 年。

[2]　ユーグレナ HP
https://www.euglena.jp/companyinfo/sustainability/

[3]　特許庁：『我が国のデザイン経営に関する調査研究』、2020 年 3 月 23 日。

[4]　経済産業省経済産業省・特許庁：『産業競争力とデザインを考える研究会』2018 年 5 月 23 日。

[5]　J・A・シュンペーター：『経済発展の理論（上・下）』、岩波書店、1977 年。

[6]　松山淳：『君が生きる意味 人生を劇的に変えるフランクルの教え』、ダイヤモンド社、2018 年。

[7]　伊那食品工業 HP
https://www.kantenpp.co.jp/corpinfo/corporate

[8]　鎌倉投信 HP
https://www.kamakuraim.jp/

[9]　村上芽、渡辺珠子：『SDGs 入門』、日本経済新聞出版、2019 年。

[10]　岸見一郎、古賀史健：『幸せになる勇気』、ダイヤモンド社、2016 年。

[11]　永井竜之介：『リープ・マーケティング』、イースト・プレス、2020 年。

第2章

協働・共創による外部資源を活用した実践経営

2.1　第4次産業革命・情報革命と働き方の未来

　近年、第4次産業革命が到来することで、産業界にさまざまなイノベーションが創発することが予測されている。

　第4次産業革命の特徴は、IoT およびビッグデータ、AI の進化である。IoT 及びビッグデータにより、工場の機械の稼働状況から、交通、気象、個人の健康状況までさまざまな情報がデータ化され、ネットワークでつなげてまとめ、解析・利用することで、新たな付加価値が生まれる形へと進化する。

　人間がコンピュータに対してあらかじめ分析上注目すべき要素をすべて与えなくとも、AI では、コンピュータ自らが学習し、一定の判断を行うことが可能となる。加えて、ロボット技術などが複雑な作業が可能となることや、3Dプリンターの発展により、省スペースで複雑な工作物の製造が可能となる。

　このような技術革新により、大量生産・画一的サービス提供から個々にカスタマイズされた生産・サービスの提供が実現し、既に存在する資源・資産の効率的な活用や、従来人間が行っていた労働が機械に代替され、仕事がなくなることが予測されている。

　第1次〜第4次産業革命の特徴を以下に示す。

・**第1次産業革命**：18 世紀末以降の水力や蒸気機関による工場の機械化

・**第2次産業革命**：20 世紀初頭の分業にもとづく電力を用いた大量生産

- **第 3 次産業革命**：1970 年代初頭からの電子工学や情報技術を用いた一
　　　　　　　　　　層のオートメーション化
- **第 4 次産業革命**：21 世紀。人工知能が大量の情報をもとに、自ら考え
　　　　　　　　　　最適行動をとる。IoT およびビッグデータ、AI の進化

　第 4 次産業革命の進展は、生産、販売、消費といった経済活動に加え、健康、
医療、公共サービスなどの幅広い分野や、人々の働き方、ライフスタイルにも
影響を与える。

　日本企業は、戦後から 1980 年代にかけて、新卒一括採用、終身雇用などを
背景に、研究開発を行った。特に、特殊技術を活かした長期にわたる技術革新
が行われ、重厚長大型の産業を中心に高度経済成長を遂げてきた。

　1990 年から 2000 年代には、IT 技術やインターネットを使った新事業が数
多く生まれた。これらは従来の装置産業型業界とは異なり、大規模工場設備へ
の巨額投資が不要な付加価値の多くがバーチャル空間で創られ流通する企業形
態が出現した。

　厚生労働省が 2016 年に打ち出した「働き方の未来 2035」[1] では、AI を中
心とした技術革新が、多様な働き方を可能にするツールとして、時間、空間、
年齢、性別といった「壁」を取り除き、働くすべての人々に大きな恩恵をもた
らすだけでなく、企業や組織の在り方、労働政策にも変革をもたらすことが予
測されている。

　日本企業は、新卒一括採用や終身雇用、年功序列型の雇用慣行などの人材戦
略により、多くの企業が個人を囲い込む雇用コミュニティを構築し、ポテンシャ
ル重視の新卒一括採用、終身雇用を前提に、「メンバーシップ型」といわれ
る雇用慣行を作り上げ、成長のドライバーとしてきた。

　事業環境が急速に変化する中で、イノベーションを創発させることが必要で
ある。そのため、個人の価値観・ニーズが多様化する中で、企業と個人がお互
いに選び選ばれる、多様性のあるオープンな雇用コミュニティの推進が求めら
れる。その結果、中途・経験者採用、兼業・副業の推進、受入れやフリーラン
スの活用も増え、多様な価値観や専門性を持つ人材が活躍するために、職務
内容を明確にし、職務遂行に必要なスキルを有する人材の活躍を促す「ジョブ
型」雇用が促進され、個人にとってより主体的なキャリア形成が必要となる時

代がやってくる。

　経済産業省が 2017 年に発表した「『雇用関係によらない働き方』に関する研究会報告書」[2] によると、働き手 1 人ひとりが、出産・育児介護などのライフステージに合わせ、働き方を柔軟に選択できる社会を作り上げることが必要である。また、兼業、副業やテレワークに加え、時間と場所を選ばない「雇用関係によらない働き方」の重要性を主張し、その選択肢としての確立が柔軟な働き方の実現の鍵を握ると述べ、働き方改革の実現のために以下の 9 つの検討テーマと 19 の対応策を掲げられている[2]。

【働き方改革実現のための 9 つの検討テーマ】

① 同一労働同一賃金など非正規雇用の処遇改善

② 賃金引き上げと、労働生産性の向上

③ 時間外労働の上限規制の在り方など 長時間労働の是正

④ 雇用吸収力の高い産業への転職・再就職支援、人材育成、格差を固定化させない教育の問題

⑤ テレワーク、副業・兼業といった柔軟な働き方

⑥ 働き方に中立的な社会保障制度・税制など女性・若者が活躍しやすい環境整備

⑦ 高齢者の就業促進

⑧ 病気の治療、そして子育て・介護と仕事の両立

⑨ 外国人材の受け入れの問題

---

　1 人ひとりが、介護や出産・育児などの自らのライフステージに合った柔軟な働き方を実現できる社会を創り上げることが求められる。少子高齢化社会の中では、人生 100 年時代と呼ばれるようになった。今までのように、一定年齢までは教育、その後引退するまでは仕事に従事し、引退後は余生を楽しむことの 3 つのステージが順番に到来するのではなく、それぞれを行き来し、一生の間、学び、働き、楽しむことを繰り返すのである。

　人生 100 年時代には、学び直しの機会としてリカレント教育が重要であり、教育機会が充実することや、この学び直しと働く機会を両立させるための「多様な働き方」、そしてそれらを活用するためにも、お金だけではなく、経験や人的ネットワークなどの無形資産が重要な要素となる[3]。

　これまでも、1つの企業でサラリーマンとして勤める以外に、働きながら家庭や趣味の時間を割き、町内会やお祭りなどに参加するなどの活動の両立は広く一般的に行われてきた。

　働きながら隙間時間を活用しながら兼業や副業、プロボノなどに従事する人が徐々に増え、フリーランスとして会社に属すことなく独立した形態で対価を得る人も増えている。それぞれの就業形態の定義を以下に示す。

- プロボノ：社会的・公共的な目的のために、自らの職業を通じて培ったスキルや知識を提供するボランティア活動(ラテン語の「Pro Bono Publico（公共善のために）」を語源とする[4]。
- パラレルキャリア：仕事以外の仕事を持つことや、非営利活動などに参加すること[5]
- フリーランス：特定の企業や団体、組織に専従しない独立した形態で、自身の専門知識やスキルを提供して対価を得る人[6]

2.2　中小企業、地域企業

　中小企業とは、中小企業基本法第2条第1項の規定にもとづく「中小企業者」をいう。また、小規模企業とは、同条第5項の規定にもとづく「小規模企業者」をいう。さらに、中規模企業とは、「小規模企業者」以外の「中小企業者」をいう。「中小企業者」「小規模企業者」については、具体的には、図表2.1に該当するものをさす。

　日本社会は、少子高齢化社会が到来し、将来に向けて人口減少が進み、人口流入地域と人口流出地域の二極化が進むと予測される。

図表2.1　中小企業基本法の中小企業の定義

業種	中小企業		うち小規模事業者
	資本金または従業員		従業員
製造業　その他	3億円以下	300人以下	20人以下
卸売業	1億円以下	100人以下	5人以下
サービス業	5,000万円以下	100人以下	5人以下
小売業	5,000万円以下	50人以下	5人以下

　地域企業とは、本社を特定の地域に置き、地域の多様な資源を活用し、地域に立地する独自のニーズを持つ製品やサービスを提供するなど、地域に立地する優位性を活かす企業である。

　「地域の中小企業の多くは、インプット、アウトプットの両方で特定の地域社会と密接な関係を持っており、企業の経済活動の遂行は地域社会のあり方に大きく依存しているからである。また、地域の活性化は地域の中小企業の発展にかかっている」[7]。

　地域企業は、特定の範囲内に、関連業種が多数集積する効果として以下の点があげられる。

【関連業種集積の効果】

① 技術などの情報迅速に伝播する。

② 専門人材が確保しやすい。

③ 補助産業の発達に伴い安価で良質な中間財の入手が容易になる。

④ 分業時の輸送コストや取引コストが削減できる。

⑤ 柔軟な分業構造が需要変動への対応を容易にする。

　首都圏・大都市圏を除いた地域企業の多くは、若者を中心に地域から人口が流出し、若者の採用が困難な状況である。

　一方、第4次産業革命が謳われ、IoT（Internet of Things）やAI（人工知能）といった技術革新やビジネスモデルの変化が激しく、そのスピードが劇的に速まり、産業界におけるイノベーションの動きが加速している。

　例えば、東海地域では、先端技術は、多くの大企業ではIoTやAIの活用が進み、成果が出ているが、中小企業では8％の活用にとどまる。中小企業でIT化が進まない理由は、「IT技術を使いこなせる人材、担い手不足」「先端技術がわからない」「自社の課題に対する活用方法が不明」である[8]。一般的に中小企業は「少ない経営資源での日々の対応」[9]が求められ、新規事業や新商品の開発に向けた市場創造やイノベーションの実現が困難な状況にあることが多い。中小企業にとっては「人材確保」「資金調達」「市場確保・開拓」が課題で、事業化段階では大企業は豊富な人材ストックを抱える一方、中小企業では不在の場合が多い。中小企業にとっては、事業の拡大や多角化に、どのようにして外部人材を活用するのかが今後のカギを握る[10]。

2.3　協働・共創・社会イノベーション

　「目指すべき共助社会の姿は、個人の多様な価値観や意思が尊重されながら、新たな『つながり』が構築され、全員で作り上げていく社会」と言及している。その中では「NPO 法人及び一般・公益法人、企業、ソーシャルビジネス事業者、金融機関、教育機関、行政などの多様な主体が連携し、住民を支え、また住民自身も担い手として地域における共助社会づくりに主体的に参加することが重要である」[11]。このように、異なるアクターによる協働が求められる。オックスフォード英語辞典によると協働(collaboration)は、「直接的な結びつきをもたない者と特定の目的のために協力すること」である。

　企業にとって、外部の資源と自社のアイデアなどの内部資源を活用しながら成長を遂げることが重要な環境になっている。その一環としてオープンイノベーションの取組みがある。

　オープンイノベーションは、「企業内部と外部のアイデアを有機的に結合させ、価値を創造する」ことである。

　「企業が技術革新を続けるためには、企業内部のアイデアと外部(他社)のアイデアを用い、企業内部または外部において発展させ商品化を行う必要がある」[12]。市場変化も早く、複雑化し、顧客の求めるニーズの変化も早い状況下では、自社のみでの商品開発、販売をすべて実現するのは困難である。

　したがって、自社のみでの技術開発ではなく、外部と連携し、協働しながら、組織の境界を超えてイノベーションを生み出す必要がある。

　「社会的課題の解決に取り組むビジネスを通して、新しい社会的価値を創出し、経済的・社会的成果をもたらす革新」[13]がソーシャル・イノベーションと定義される。

　社会的な課題・社会問題に対して、新しいアイデアによって、ビジネスとして成立し、さらに社会変革をもたらし、新たな価値が波及することを意味する。ソーシャル・イノベーションの実現プロセスは、以下の6段階で説明されている[14]。

①　アントレプレナーが社会的課題を認知

②　ステークホルダー(利害関係者)との協働関係

③　社会的事業の開発、供給

④　市場、社会からの支持

⑤　社会関係や制度の変化

⑥　社会的価値の広がり

　近年、協働により、未来に向けさまざまなアイデアが融合し実現される「場」としてフューチャーセンターが注目されている。フューチャーセンターとは、企業や政府や自治体や教育機関などの組織・団体の枠を超えて、さまざまな関係者を広く集めて、それぞれの持つ知識や経験を掛け合わせて、新たなアイデアや価値を生み出すオープンイノベーションの「場」である。

　フューチャーセンターは、スウェーデンのレイフ・エドビンソンによって提唱され、北欧を中心に広く設立され、日本には 2000 年代前半から企業や大学、自治体を中心に取組みが始まっている。

　「組織（企業、政府、自治体など）が未来にかかわる戦略・政策の実践を目的に据え、当事者やステークホルダーが対話を通じて、解決手段や新たなアイデアを発見・共有し、相互協力の下で実践するために設ける『場』」がフューチャーセンターである [15]。企業間、組織間の境界をこえ、場をつなぎ、そのことによって新たな知が生まれ、実践につながるのと同時に、組織の知を強化する作用を持っている。

2.3.1 ㈱ゼロワンブースターの事例

　日本では 2016 年を境に、コーポレートアクセラレーターの取組みが加速している [16]。その代表企業の 1 つが㈱ゼロワンブースターである。同社は 2012 年に設立され、大企業を中心に新規事業を創発させるコーポレートアクセラレータープログラムや、社内企業を生み出すイントラプレナーアクセラレータープログラム、行政や地域・起業家向けにイノベーションを創発させる各種プログラムを実施している。

　創業・運営メンバーが、大企業での新規事業開発やベンチャー企業、IPO や M ＆ A を経験している日本では稀有な精鋭メンバーたちで構成されている。これらのメンバーが、ベンチャー企業と大企業のオープンイノベーションを促進させる機会を創発し、実現に向けた役割を果たしている。

　同社のアクセラレータープログラムの特徴は、大企業以外の外部の起業家やスタートアップ企業からアイデアを募り、自社の資産を活用して組み合わせ、

新たなコンセプトの事業創出をめざすものである。また、このプログラムでは、「メンター」と呼ばれるさまざまな専門知識を持ったアドバイザーを、社内外で結成し、アイデア段階で選ばれた数社に対して、一定期間かけて磨き上げて事業化支援をする。

　メンターには、起業経験、資金調達、人的ネットワークを有する人などが選定され、数間かけて改善のサポートを実施し、最終的にプレゼンテーションを実施し、よいビジネスプランに対して、大企業が出資先を選定するプログラムとなっている。このようなプログラムは、大企業とベンチャー企業が協働する方策の1つで、新規事業への取組みを実施できなかった企業にとっての、促進策の1つとなる。

　アクセラレータープログラムには、大企業にとって以下のメリットがある。
① 　新規事業の創出
② 　新規事業開発人材の育成
③ 　新規事業開発環境の醸成
また、出資を受けるスタートアップには以下のメリットがある。
① 　大企業リソースの活用
② 　出資を受けられる
③ 　事業連携
④ 　ネットワークの紹介
⑤ 　信用力の向上

2.3.2　共創空間・共創の場　㈱オカムラ中部支社の共創空間「Cue」の事例

　㈱オカムラは，1945 年に創業者を中心に，資金，技術，労働力を提供しあい「協同の工業、岡村製作所」として設立された。オフィス家具の製造・販売がオカムラの主な事業であり、「豊かな発想と確かな品質で、人が集う環境づくりを通して、社会に貢献する」をミッションとしている。直接の顧客以外の多くの人が参加する共創空間を「東京、名古屋、大阪、福岡」の4カ所で運営している。その1つとして、Open Innovation Biotope "Cue" が、2016 年 12月に名古屋駅前の大名古屋ビルヂングの 14 階に設立された。

　オカムラの社員が、コミュニティマネージャーとなり、さまざまなイベント

Cue のテーマ：「はたらく」のワクワク、みつけた。

1. ツナガリ―多様性：オープンに場を開き、集まる人のゆるやかなツナ
   ガリ

2. シゲキ―継続性：非日常的な空間での対話で知的好奇心や感性をシゲ
   キ

3. ヒラメキ―実効性：アクションによりヒラメキをかたちにする。

（出典）Cue Web サイト

を企画運営している。ゲストによる講演会に加え、参加型のワークショップ
や、数回連続の企画などを実施し、参加者同士の対話によるアイデアを具現化
し、実践される企画を実施する。また、さまざまな外部のパートナーと連携し、
Cue を中心に人的ネットワークを確立しながら、多様な人たちがツナガリ、相
互に刺激しあい、アイデアがヒラメキ、価値創造につながる活動が実施されて
いる。

　Cue は、はじめる合図・つくりだす手がかり、社内外の人々と新たな知識を
創出するための考えるきっかけとなる場であり、新しいプロジェクトへのつな
がりをめざして取り組まれている。

2.3.3 三菱地所㈱　東京丸の内における場の創発事例

　三菱地所㈱は、日本を代表する総合不動産会社である。国内主要都市のオフ
ィスビルの開発、賃貸、運営管理や、商業施設や物流施設の開発、住宅事業な
どを総合的に展開し、大手町、丸の内、有楽町の東京駅周辺に 30 棟以上のビ
ルを保有し、運営している。近年、高層ビルの建て替えが進むとともに、街全
体の価値を高めるための活動の１つとして、三菱地所ではコミュニティ形成の

取組みが行われている。

① 　事例 1 :「3 × 3 Lab Future」

「3 × 3 Lab Future」とは、サステナビリティの 3 要素「経済」「社会」「環境」の 3 つがギアのごとく嚙み合い、さらに自宅でも会社でもない第 3 の場所「サードプレイス」として業種業態の垣根を越えた交流・活動拠点として、次世代のサステイナブルな社会の実現に寄与する場所である。3 つのギアがサードプレイスで、未来に向けて取り組む CSV ビジネス創発のプラットフォームである。特徴は、「自分ごとの実現」「未来の社会を描く」「人を育て事業を創り出す」「自宅でも会社でもない『第 3 の場所』」である。

② 　事例 2 :「有楽町『SAAI』Wonder Working Community」

「人」「個」にフォーカスし、イントレプレナー(社内起業家)やイントレプレナー候補をメインターゲットとし、多彩な人材を集め、掛け合わせることで新しいアイデアが生まれ、磨かれ、社会に実装する過程の最初の一歩を踏み出す施設である。「SAAI」の特徴は、「事業化支援プログラムや個人負担で利用しやすい価格設定の会員種別」「STUDIO システム(アイデアをプロジェクト化していく仕組み)の導入」「新しい感性に触れる多種多様なイベントを開催」「コミュニティマネージャー「チーパパ & チーママ制度」の採用」「会員専用アプリによる会員の相互交流の促進や仲間募集ツールの活用」「『SAAI』のアイデアを実験できる仕組み」である。

2.4　クラウドファンディング

2.4.1　多様なクラウドファンディング

クラウドファンディングは、「必ずしも明確な定義がなされているわけではないが、インターネットを通じて多数の資金提供者を集め、投資や寄付などの形態で小口資金を資金調達者に提供する仕組み」[18]と述べられている。クラウドファンディングの種類は、お金を提供する支援者の見返りにより「寄付型」「購入型」「投資型」に分類される[19]。

購入型は拠出金の見返りとして財やサービスを受け取る。寄付型は、資金拠出者の拠出金が寄付金となる点が購入型と異なる。購入型は、金銭的なリターンを伴わないことから、金融商品取引法などの規制対象外である点が投資型と

の違いである。方式は「All or Nothing 方式（達成後支援型）」と「All in 方式（即時支援型）」の2種類がある。

「All or Nothing 方式（達成後支援型）」は、事前に設定した期間内に目標金額が達成した場合のみ資金が獲得でき、目標金額に到達しなかった場合、支援者からの申し込みはすべて無効となり、リターン（商品）も発生しない。

「All in 方式（即時支援型）」は、目標金額に達成有無にかかわらず、終了日までに調達した金額すべてが有効となり、サポーターへ必ずリターンを届ける必要がある。

クラウドファンディングは、インターネット上でほぼ完結するシステムであり、新商品やサービスに対するファン作りが鍵になることから、ホームページとSNSの利用が欠かせないが、情報の拡散性も大きな機能として有し、近年急速に普及している[20]。

購入型のクラウドファンディングでは、従来の金融機関からの資金調達による新規事業と異なり、製品生産前のニーズ調査を兼ね、事業リスク低減に資するテストマーケティング機能や、SNSでの情報拡散を通じたプロモーション効果や、支援者との関係性の構築が可能である[21]。

従来の資金調達では、事前事業計画を策定し、その後、設備投資の実施と商品開発を具現化し、商品を販売して原資を生み出し返済を行う。資金調達時には、土地建物などの担保や、事業計画にもとづく返済の確実性も評価される。その結果、確実に安定的に売れる商品や、確実な販売計画が重要視される。

2.4.2 クラウドファンディングを活用したニッケン刃物㈱の事例

ニッケン刃物㈱は、1946年9月に熊田文夫により機械類の修理および精密機械の設計・製作を営む熊田製作所として創業された。その後2代目の熊田幸夫が1980年10月に社長に就任し、2018年10月に熊田祐士が3代目として社長に就任した。経営理念は、「伝統」と「創造」を組み合わせ、新たな未来を切り拓くである。事業内容は、はさみを中心とした刃物の企画・製造・販売であり、企画から販売までの一貫した流れを構築し、各種はさみ製品を開発する。顧客の要望に真摯に向き合うことを大切にし、世界中のあらゆる人々に、物の切れ味の満足感の提供を目標している。

通常のはさみからの脱却をめざしたアイデア商材として、戦国武将の刀紋入

図表 2.2　ニッケン刃物のクラウドファンディング

主体	Makuake	未来ショッピング	Makuake		
時期	2017 年 2 月 19 日から 2017 年 4 月 28 日	2017 年 8 月 10 日から 2017 年 10 月 10 日	2018 年 4 月 17 日から 2018 年 6 月 18 日	2019 年 8 月 8 日から 2019 年 10 月 15 日	2020 年 1 月 6 日から 2020 年 2 月 2 日
調達額	16,174,200 円	2,894,000 円	10,905,000 円	3,811,000 円	1,323,500 円
支援者	3,238 人	438 人	1,942 人	438 人	182 人
達成率	1617%	289%	2181%	381%	441%
目標額	1,000,000 円	1,000,000 円	500,000 円	1,000,000 円	300,000 円
商品リターン	戦国武将のペーパーナイフ(織田信長、土方歳三、坂本龍馬)	戦国武将の日本刀はさみ(織田信長、伊達政宗、坂本龍馬)	新撰組のペーパーナイフ(近藤勇、土方歳三、沖田総司)	包丁(坂本龍馬、土方歳三、織田信長)	限定ハンバーガーとフードピックであるペーパーナイフ(織田信長、徳川家康)

りの商品を開発し、クラウドファンディングを実施。歴史好きなどニッチなターゲットに対し、強烈なインパクトを残し、SNS を中心に展開し、目標金額の 1,500% を超えて大幅達成した事例を生み出した。さらに外部の賞の受賞や、新規の販路開拓、アニメ商品などとのコラボレーションが実現するなど、派生的な取り組みにより、売上向上につなげることができた(図表 2.2)[22] [23]。

2.4.3　クラウドファンディングの特色

　クラウドファンディングでは、事前に事業計画の提出は不要である。ただし、成約金額の一定割合をクラウドファンディングの運営会社に支払う必要がある。この支払は融資と比べると高い水準だが、販売商品の数が事前に把握でき、商品の販売前に資金調達が可能であり、販売先を事前に確保できるメリットがある。尖った商品をニッチな顧客をターゲットとして開発し、その商品は高単価で販売できれば、新規販路開拓につながる。

　既存の顧客だけではなく、インターネット上を通して SNS での展開も含めて周知され、今まで届かなかった顧客との接点を創造できる点にクラウドファンディングの特色がある。

2.5 インターンシップ・産学連携の活用

2.5.1 インターンシップの現状

インターンシップ（internship）は、「学生が在学中に自らの専攻、将来のキャリアに関連した就業体験を行うこと」[24] が広く用いられている。

近年、仕事を通じた業界・仕事の理解を促進させる目的で企業が単独で実施する 1Day インターンシップが増えている。1Day を実施する企業の割合は 81.6％（複数回答）と最も高いが、大学生が最も参加しないでよいと思ったインターンシップは 1 日が 76.8％（単一回答）と最も高く [25]、インターンシップにおける企業側の思惑と学生・大学のニーズに乖離が生じている。インターンシップは、大学生にとっては、社会に出て働く前に、就業観を養成や、社会人と学生のギャップを理解し、今後の学生生活の学習意欲を育む意義がある。また、さまざまな業界や企業、業種や、社会人そのものの理解が深まることで、自分の将来のキャリアイメージが明確になることが期待される。

中小企業の場合は、「インターンシップを活用していないのは、制度上の問題よりも、企業側の負担という運用面の問題が大きいため消極的にならざるを得ない」ことや [26]、「長期間のインターンシップの受入れ可能な企業が少ない」ことや [27]、「受入体制のこと、構築やプログラムの作成は、ゼロから取り組む新規業務であり、多くの時間と手間を要する」[28] といった課題があげられている。

大学においては、産業界と連携したインターンシッププログラムを普及させるために、教育効果の高いプログラムの基準として「就業体験」「正規の教育課程」「事前・事後学習・モニタリングの実施」「実施後の教育効果の測定の仕組みの整備」「原則 5 日間以上」「大学と企業が協働する」[29] が設定され、多くの大学で取り組まれはじめている。

企業側にとってインターンシップは、大学生を自社採用するための接点として位置づけが最優先であることが多い。大半の企業では、大学生への教育機会の提供や大学との連携は、本業の優先の企業論理においては軽視されることもある。

一方、中小企業の採用が困難な環境下、かつ大学においてインターンシップの取組みが増えている環境下においては、自社にメリットがあるような産学連

携やインターンシッププログラムの構築は、地域の中小企業にとって有益である。インターンシップ活用のメリットとしては、「自社のブランド向上・認知度アップ」「採用に向けた母集団形成の 1 つの手法」「学生の理解が高まる」「関与する社員の人材育成上の効果」などがあげられる。

　ただし、多くの中小企業には、インターンシップの専門人材や、経験豊富な人材はおらず、広報による学生の集客力も強くないことが想定される。

　そのような中で、NPO 法人 G-net（後述）は、地域の中小企業に学生が比較的長い期間インターンシップ生として参加し、企業の事業価値向上に取り組むプログラムを実施している。インターンシップ企業を紹介、マッチングして終了

G-net の取り組む打ち手

地域で活躍

課題の発見と
課題解決のための
成長の加速

魅力への気付きと
挑戦の喜び

- ミギウデ伴走サポート
- 就職・採用支援事業「ミギウデ」
  ミギウデスカウト型合説
- シゴトフェスタ
  ミギウデ中途、日本仕事百貨、仕事旅行社
- 大企業向け研修プログラム「シェアプロ」
- ふるさと兼業
- 地域若者チャレンジファンド
- 長期実践型インターン（6 ヶ月程度）
- 地域協働型インターン（4-6 週間程度）
- 複数企業取材型インターン（シゴトリップ）
- 大学と連携した授業プログラム
- 若者が選ぶ魅力的な中小企業○○選
- しごとバー名古屋
- ホンネカフェ／ミギウデセミナー
- オンラインキャンパス「つながるキャンパス」
- 高校生対象「ぎふ地域留学」

将来を担う
人材の育成と
担い手の採用

組織としての
土台づくりと
時代に合わせた
事業づくり

事業のポイント
① 人材が育まれる、生産性が最大化できる組織作り
② 挑戦的なフィールドを開拓し、成長できる機会提供
③ 自身の当事者へ、そして社会の当事者へと成長できるコミュニティづくり
④ 共感を呼ぶ事例を創出し、挑戦を誘発する仕組み作り
⑤ 成果にコミットし、多様な組織と共創できるグランドデザイン

図表 2.3　G-net の活動

ではなく、企業向けには事前にプログラム設計や、実施中の伴走支援、事後の
フィードバックや次回に向けた改善提案・協議を行う（図表 2.3）。学生向けに
は、事前の面接・研修によるマインドセット、目標設定、マナー対応、期間中
には日々の日報の提出や定期的な面談、研修の実施、事後発表会などを行う点
が特徴である。

2.5.2　NPO 法人 G-net の事例

　NPO 法人 G-net は、2003 年に設立され、「地域産業の経営革新と、担い手と
なるミギウデ人材の育成に取り組み、地域活性を支える事業を輩出し続ける」
ことをミッションとし、誰もがチャレンジを保証され、支えあい、挑戦が評価
され、連鎖する社会の実現をめざしている。代表理事は南田修司である。

　2004 年から、長期実践型インターンシップを中心に、大学生を対象に地域
の中小企業の経営課題解決や新規事業企画への伴走支援に取り組んできた。

　ふるさと兼業など、大学生向けのプログラムにとどまらず、地域活性化に向
け、すべての年代を対象にしたプログラムを展開し、さらには全国の団体・企
業と連携しながら展開している（図表 2.3）。

2.5.3　専門職大学の制度と新設大学

　55 年ぶりに、学校教育法の一部が改正され、2017 年 5 月に専門職大学の制
度が創設された。専門職大学の特徴は、高度な実践力として「理論にも裏付け
られた高度な実践力を強みとして、専門業務を牽引できる人材」「変化に対応
して、新たなモノやサービスを創り出すことができる人材」を養成することで
ある。

　専門職大学が新設された背景の 1 つ目には、産業構造の急激な転換や、就業
構造の変化、少子高齢化社会の進展などの経済社会の状況変化がある。

　2 つ目は、学生の資質やニーズの多様化に対応し、産業界とのミスマッチを
解消し、変化の激しい社会に対応した人材や、成長分野を担う人材育成に応え
るべく大学が変化したことがあげられる。

　専門職大学の前提条件として、「実践力」「創造力」を育む教育課程で、産業
界と連携した教育課程の開発、編成、実施、600 時間以上の臨地実務実習（4 年
生大学の場合）、実務家教員を必要な専任教員数の 4 割以上などが課される。

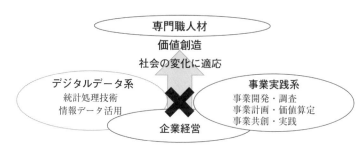

図表 2.4　経営専門職人材像

　名古屋産業大学は、2021 年 4 月より「経営専門職学科」を開設した。「デジタルデータの知識技能を駆使し、企業経営や社会の変化に対応した事業の実践を通じて、価値創造に貢献する専門職人材を養成する」を養成する人材像として掲げ、東海地域の企業と連携し、昨今の時代の変化に対応し、地域の企業と産学連携を実施し、これからの時代に適応した、社会で活躍する人材の輩出をする教育プログラムを展開する（図表 2.4）。

2.5.4　船橋㈱による産学連携・外部と連携・協働した事業価値創造の事例

　船橋㈱は、大正 10 年に創業し、100 年の業歴を有する防水商品専門の製造業。主力製品としては、目立つ色のレインウェア、給食センターのエプロン、自転車通学者向けのレインウェアである。近年、レインウェアの市場規模は拡大傾向ではなく、売上や業界内での地位は一定程度で推移していた。同社の従業員は 13 人（正社員：2020 年 10 月）である。社長は、舟橋昭彦で 3 代目である。新たな事業や市場開拓が必須であると認識し、新たな取り組みに挑戦したいが、十分な経営資源が自社に存在するわけではなく、イノベーションの創発が困難な状況が続いていた。

　数年前から NPO 法人 G-net が実施する長期実践型インターンシップに大学生が社長や社員のミギウデ的存在として二人三脚で事業に取り組んできた。船橋では 2020 年までに累計 14 名の大学生と一緒にプロジェクトを実施した。また、ふるさと兼業などのプロジェクトを通じて、社会人兼業者やプロボノと一緒にさまざまなプロジェクトを実施した。

　社内では新規事業の企画や、マーケティングなどを外部人材と協働することで、会議の進め方や、マーケティング分析の仕方、新規企画プロジェクトの進め方、プレゼンテーションの仕方や資料の質が向上する変化が現れた。チャレンジと並行して、社長のミギウデ人材を希望する新卒社員を獲得できるようになった。その結果、新たなチャレンジに、社長以外のメンバーが、社長の想いを通訳しながら、チームとしてチャレンジできるような体制へと変化し、新規の企画が実現可能な状況に変化している。

　コロナショックの2020年春には、挑戦の文化や外部連携、変化への素早い対応ができる組織体へとなっていた。社会の緊急事態に対して、レインウェアの加工技術を生かし病院向けに医療用ガウンを製造し販売した。社会的に意義のある取り組みは外部企業から評価され、トヨタ自動車による事業カイゼンの支援を得て、製造過程のカイゼンに協働で取り組むに至った。当該プロジェクトは社長直下のプロジェクトで進められた。社内外の調整役として、ミギウデ人材として新卒入社した3年目の大谷氏が中心に、若手社員やインターンシップ学生なども事業の価値創造の実現に寄与している。

2.6　外部人材の活用プロジェクト

2.6.1　ふるさと兼業の事例

　中小企業は、イノベーション、事業価値創造が求められる一方で、経営上の資源、特に人材資源などが不足し、実現に至らないことが多い。

　兼業、副業などの人材、プロボノ人材を生かした協働、共創事例に「ふるさと兼業」がある。プロボノ(pro bono)とは、各分野の専門家が、専門知識やスキルを無償で提供して社会貢献するボランティア活動全般をさす。

　ふるさと兼業は、「愛する地域や共感する事業にプロジェクト単位でコミットできる兼業プラットフォーム」である。主に大企業などに属する個人が、兼業やプロボノして、3カ月間にわたって、地域の中小企業と協働するプロジェクトである。企業の事務所での勤務ではなく、外部人材と地域企業とのコミュニケーションとしてテレワークを活用して協働する。個人のスキルや技術、経験で地域の企業を支援する場である。地域の企業がプロジェクト単位で、テーマ・課題を提示し、協力者を募集することで、給与や待遇などの条件ではなく、

図表 2.5　ふるさと兼業の概要

概要	プロジェクト設計サポート	マッチングサポート	伴走コーディネート
時期	開始前	開始前	プロジェクト実施中
対象	地域企業	地域企業と参加者	地域企業と参加者
詳細	3 カ月の期間で成果を極大化するために事前にコーディネーターと企業で打ち合わせを実施	参加者に対してプロジェクト詳細や企業の想いを説明し、情報の非対称性を解消し、相互に満足のいくマッチングをめざす	3 カ月のプロジェクトが軌道に乗り、成果を実現するために、打ち合わせへの参加を含め、伴走支援を実施

地域への愛着や事業への共感を起点とし、兼業に挑戦したい熱意ある人材のマッチングが実施される[30]。

　地域の中小企業は、保守的な風土が社内にあり、リスクを避ける傾向もあるが、外部人材と融合し対話を通じて期間限定で共通の課題に取り組むことで、新規企画が具現化する。また、地域の中小企業の経営者や、若手担当者などにとっては、外部と協働してプロジェクトを実施することで、リーダーシップを発揮し、事業を主体的に推進する貴重な機会となり人材育成面の効果が期待できる。さらに、コーディネーターが地域の中小企業と、外部のプロボノのマッチングや事業の運営に重要な役割を果たす(図表 2.5)。

2.6.2　㈲大橋量器による「ふるさと兼業」の活用事例

　㈲大橋量器は、1950 年に岐阜県大垣市にて創業され、大橋博行氏が 3 代目の社長である。大垣市は、枡のシェアの 80％程度を占める。枡の市場規模は衰退傾向であり、従来型の枡需要は、最盛期の 50％程度で、同業他社の倒産も多く、新商品開発や新規市場の開拓が重要課題であった。

　従業員数は 31 名(2019 年 3 月時点)であり、枡を製造する職人は一定数存在するが、経営者以外に新規市場の開拓に専念できる営業担当者や企画担当者は不足し、新たな挑戦に対する十分な人材と時間が割けられない状態であった。

　そこで、10 年ほど前から NPO 法人 G-net の長期実践型インターンシップで連携し、経営革新に挑戦する 1 つの手段として、大学生のインターンシップを活用した新商品開発などに挑戦してきた。徐々に若者の理解も進み、企業としても進化する中で、経営者のミギウデ人材の候補として近年新卒採用を実現す

ることができてきた。

　「ふるさと兼業」の仕組みを活用し、社会人のプロボノ、兼業と協働し、3カ月間の期間限定のプロジェクトを活用し、新規事業の立ち上げを実現することができた。具体的には、枡を内装材としてパッケージ化して販売するプロジェクトに取り組んだ。過去に海外から大量の受注があり、市場の機会はあると考え、長年経営者が実現したいと考えていたが、具体的な商品制作や販売先・提携先との連携などは手付かずの状態であった。このプロジェクトには当時新卒入社の伊東氏が抜擢され、2018 年 8 月から 11 月、2019 年 1 月から 4 月、2019 年 9 月から 12 月に渡って、11 名の外部人材と協働し、営業ツールの作成や顧客開拓、具体的な企画提案の作成、ブランドコンセプト・HP の作成などに取り組み、具現化することができた。

　当該プロジェクトは、新規事業の具現化のみならず、中小企業では手厚い研修などを実施することは困難であるが、外部人材と協働することで、多くの刺激や学ぶ機会を得ることができ、若手担当者にとっての成長機会としても有益である。

2.7　第 2 章のまとめ

　本章では、実践経営に関連し、社会の変化と、それに対する働き方の変化、中小企業における外部とのコラボレーション・共創などを中心に、多様な人たちが集まり将来に向けたアイデアを創発し実行する共創空間や、フューチャーセンターの場、クラウドファンディングの活用、プロボノなどの外部人材の活用、産学連携による価値創造についての事例を考察した。

　多くの地域中小企業は、人・モノ・カネなどの資源が十分には揃わない。ただし、一方で、大企業にはない魅力として、経営者の想いの強さ、意思決定の強さ、意思決定の早さなどがあげられる。

　ただし、この特徴を活かすためにも、外部との連携や、経営者本人のみではなく、経営者を支える人材は必要不可欠となってきている。「事業承継」の問題を抱える地域の中小企業は多く存在する。中小企業経営者の平均年齢は上昇傾向にあり、スムーズな経営者交代は行われていない。そして、95％の企業経営者は、自分の後も事業を他社に引き継ぎたいと考えている。事業承継に対し

ては、候補者としては、血縁・親戚関係よりも、経営能力の優秀な人や役員や従業員から信頼がある人に引き継ぎたいと考えている割合が高い。

　このような中では、後継者を支えるミギウデとしての存在の重要性が高まってきている。金融機関出身者が番頭役として財務・経理を統括する存在で支えるケースも多いが、昨今の変化の激しい時代の中では、経営者のミギウデとして、事業価値創造のための、デジタルデータの活用や、外部との協働・共創が可能な人材がより求められるように変化してきている。

　技術革新が起こり、企業のビジネスモデルも変化し、働き方も変化し、生きる価値観も変わっている。また、新たな大学の制度もでき、学習環境も変化が予測される。このような環境の中で、これからの未来にわたって、若者は何を学び、何を経験し、どのようなキャリアを歩んでいくべきか？　大きな選択を迫られている。

第 2 章の参考文献

[1]　厚生労働省：「働き方の未来 2035：1 人ひとりが輝くために」、2016 年。
https：//www.mhlw.go.jp/file/06-Seisakujouhou-12600000-Seisakutoukatsukan/0000133449.pdf（2020 年 10 月 10 日アクセス）
[2]　経済産業省：「『雇用関係によらない働き方』に関する研究会報告書」、2017 年。
https：//www.meti.go.jp/report/whitepaper/data/pdf/20170330001-2.pdf
（2020 年 10 月 10 日アクセス）
[3]　リンダ・グラットン、アンドリュー・スコット：『LIFE SHIFT（ライフ・シフト）：100 年時代の人生戦略』、東洋経済新報社、2016 年。
[4]　嵯峨生馬：『プロボノ：新しい社会貢献 新しい働き方』、勁草書房、2011 年。
[5]　Drucker, P. F. (1999)：*Challenges for the 21st Century,1999.*（上田淳生訳：『明日を支配するもの―21 世紀 のマネジメント革命』、ダイヤモンド社、1999 年）
[6]　フリーランス協会：「フリーランス白書 2020」、2020 年。
https：//blog.freelance-jp.org/wp-content/uploads/2020/06/2020_0612_hakusho.pdf（2020 年 10 月 10 日アクセス）
[7]　金井一頼：「地域企業の戦略」大滝精一、金井一頼、山田英夫、岩田智：『経営戦略：創造性と社会性の追求』新版、有斐閣アルマ、pp.265-293、2006 年。
[8]　財務省東海財務局：「平成 30 年 11 月最近の経済情勢などについて」、2018 年。
[9]　寺岡寛：『中小企業の経営社会学―もうひとつの中小企業論』、信山社、2018 年
[10]　寺岡寛：『小さな企業の大きな物語』、信山社出版、2019 年。
[11]　内閣府：「共助社会づくりの推進について～新たな「つながり」の構築を目指

して」、公助社会づくり懇談会、2015 年。

[12] ヘンリー・チェスブロウ：『OPEN INNOVATION―ハーバード流 イノベーション戦略のすべて』大前恵一朗訳、産業能率大学出版部、2004 年。

[13] 谷本寛治、大室悦賀、大平修司、土肥将敦、古村公久：『ソーシャル・イノベーションの創出と普及』、NTT 出版、2013 年。

[14] 谷本寛治：『ソーシャルエンタープライズ―社会的企業の台頭』中央経済社、2006 年。

[15] 野中郁次郎、紺野登：『知識創造経営のプリンシプル：賢慮資本主義の実践論』、東洋経済新報社、2012 年。

[16] 村上恭一、鈴木規文：『オープンイノベーションの最強手法コーポレートアクセラレーター』、中央経済社、2017 年。

[17] 紺野登、華穎：「知識創造のワークプレイス・デザイン」、『日本労働研究雑誌』、54、（10）、pp.44-57、2012 年。

[18] 松尾順介：「クラウドファンディングと地域再生」、『証券経済研究』、88、pp.17-39、2014 年。

[19] 熊沢拓、鎗田雅：「クラウドファンディングが予感させるマーケティングパラダイムの転換―コミュニティを基盤としたガバナンスメカニズムの分析―」、日本マーケティング学会カンファレンス・プロシーディングス、2、pp.122-133、2013 年。

[20] 近勝彦：「中小企業における SNS の活用に関するマーケティング論的分析」日本政策金融公庫論集、42 号、pp.61-80、2019 年。

[21] 内田彬浩、林高樹：「クラウドファンディングによる資金調達の成功要因」赤門マネジメント・レビュー、17、（6）、pp.209-222、2018 年。

[22] 今永典秀：「地場産業におけるクラウドファンディングの活用の効果」、『日本中小企業学会論集』、39、pp.185-198、2020 年。

[23] 今永典秀：「地場産業におけるクラウドファンディングの意義」、『中小商工業研究』、143 号、pp.24 -31、2020 年。

[24] 文部科学省、厚生労働省、経済産業省：「インターンシップの推進に当たっての基本的考え方」、2015 年。
http://www.mext.go.jp/component/a_menu/education/detail/_icsFiles/afieldfile/2014/04/18/134660_01.pdf （2020 年 10 月 10 日アクセス）

[25] 『就職白書 2019』、株式会社リクルートキャリア、2019 年。

[26] 服部泰宏：新潮選書『採用学』、新潮社、2016 年。

[27] 今永典秀、松林康博、益川浩一：「インターンシップによる大学と地元産業界の協働教育：岐阜大学地域協学センター「次世代地域リーダー育成プログラム産業リーダーコース」を中心とした多様なインターンシップ事例より」、『岐阜大学教育推進・学生支援機構年報』、3、pp.79-91、2017 年。

[28] 門間由記子：「中小企業におけるインターンシップ導入の課題」、『インターン

シップ研究年報』、20、pp.19-24、2017 年。

［29］ 文部科学省：「インターンシップの更なる充実に向けて議論の取りまとめ」、
2017 年。
http：//www.mext.go.jp/b_menu/shingi/chousa/koutou/076/gaiyou/_icsFiles/
afieldfile/2017/06/16/1386864_001_1.pdf　（2020 年 10 月 10 日アクセス）

［30］ 今永典秀：「社外のプロボノを活用した地域の中小企業の価値創造プロジェクト
― NPO 法人 G-net によるふるさと兼業の事例より―」、『地域活性学会』、13、
（1）、pp.41-50、2020 年。

第3章

IT 活用×マーケティング論

3.1　IT

3.1.1　IT の登場と進化

　「DX」というワードをよく耳にする。DX とは Digital Transformation の略（Trans には「交差する」という意味があるため、交差を表す「X」が用いられている）であり、2004 年にスウェーデンのウメオ大学のエリック・ストルターマン教授が提唱した「IT の浸透が、人々の生活をあらゆる面でよりよい方向に変化させる」という概念である。

　DX は、ただ単に IT を用いて業務を自動化したりコスト削減したりすることを意味するのではなく、人間が行うことを前提としていたビジネス・プロセスや社会システムを、コンピュータが行うことを前提とした仕組みに作り替えて最適化することである。つまり、トランスフォーメーションするからこそ DX なのであり、テクノロジー起点で社会基盤や生活様式を変革することを意味する。

　IT（Information Technology）は、パソコンやスマートフォンなどのコンピュータ、およびインターネットなどのネットワークを利用した情報技術の総称で、2000 年代になって多用されるようになった。似たワードとして ICT（Information and Communication Technology：情報通信技術）があるが、これは IT を活用したコミュニケーションの発達から「通信」を意識的に含めた概念である。

図表3.1　ITの変遷

年代	ハードウェア	OS/ソフトウェア	ネットワーク	事象
1950年代	ENIAC（初のコンピュータ）EDVAC（初のプログラミング可能なコンピュータ）UNIVAC I（世界初の商用コンピュータ）			
1960年代	企業向け独自企画のハード開発	System/360（商用初のOS）	ARPAnetの研究開発（インターネットの起源）	
1970年代	オフィスコンピュータ（オフコン）の普及	メーカー独自のOS		
1980年代	ワークステーションの普及 個人向けコンピュータの普及（PC/AT互換機, Macintosh）	UNIXの普及 PC DOS DOS/V, MS-DOS Oracle 2（商用初のリレーショナルデータベース）		マルチメディア化にともなう標準化の争い 第3次産業革命
1990年代	ノート型パソコンの普及 ガラケー普及期 iMac, iBook	Windows 3.1 Windows 95 ブラウザ	インターネットの商用利用開始 アナログ回線, ISDN 2G	GUIによる直感的な操作 インターネットの普及
2000年代	ノート型パソコンの小型・軽量化 スマートフォンの普及 MacBook Android, iPhone	Windows XP Mac OS X (mac OS) Android OS iOS Linuxの普及	無線LANの普及 CATV, ADSL, 光回線 3G	個人が手元に高性能コンピュータを所持 動画配信 SNS
2010年代		Windows 10	LTE, 4G	クラウドサービスの普及

ITの変遷を図表3.1に示す。

1950年代に最初の商用コンピュータが登場し、大手ハードウェアメーカーが企業向けにメーカー独自規格のコンピュータを販売した。

1980年代にはソフトウェア開発企業が登場し、IBMのPC DOS、マイクロソフト社MS-DOSなどのOS(Operating Systemの略でパソコンを動かす基本ソフトのこと)を搭載した個人向けのパーソナルコンピュータが広がり始め、さらには、AppleのMacintosh、マイクロソフトのWindowsに代表される、GUI(Graphical User Interface)で直感的に操作ができるものに発展した。

1990年代にはアメリカ国防総省が軍用に利用していた通信手段であるインターネットの商用利用が開始され、個人にも普及し始めた。

1995年にマイクロソフトがWindows 95を発売し、個人向けパソコン市場において大きくシェアを拡大した。

2000年代には、インターネットの通信環境が電話回線からブロードバンドといわれるADSLや光回線になることで速度が向上した結果、動画配信サービスやSNSなどが普及し、個人同士の情報のやり取りがますます活発になった。

3.1.2　第4次産業革命と技術革新

2020年に差し掛かる頃から、第4次産業革命という言葉が使われるようになった。

第4次産業革命とは、スマートフォンやセンサーなどの情報通信機器から生じるデータを収集、蓄積し、さまざまな価値創出や課題解決を行うようになる一連の変化である。

例えば、ロボット工学、人工知能(AI)、仮想通貨に代表されるブロックチェーン、ナノテクノロジー、バイオテクノロジー、量子コンピュータ、生物工学、モノのインターネット(IoT)、3Dプリンター、自動運転車、仮想現実、拡張現実、複合現実などの技術が第4次産業革命を旺盛している。

第4次産業革命は、蒸気機関を動力とした工業機械の登場による18～19世紀の第1次産業革命、電話機、電球、蓄音機、内燃機関の登場による19世紀末から20世紀初頭の第2次産業革命、パーソナルコンピュータ、インターネット、ITの登場による1980年代から2010年代まで第3次産業革命に次ぐも

のである。

　また、Society 5.0 とは内閣府の総合科学技術・イノベーション会議によって作成された「第 5 期科学技術基本計画」における一連の取組みのことで、第 4 次産業革命による技術革新がもたらすイノベーションを活用して実現する未来社会のコンセプトである[1]。

　経済産業省は Society 5.0 実現のための鍵となる要素として、IoT、ビッグデータ、人工知能(AI)、ロボットなどをあげている。

3.2　技術革新と IT を活用したマーケティング構成要素

　IT の発展を加速させてきた重要な構成要素が「第 3 のプラットフォーム」である。アメリカの調査会社 IDC が 2013 年頃から提唱しているコンセプトで、「モバイル」「ビッグデータ」「クラウド」「ソーシャル」の 4 つの要素で構成される、ICT を支えるテクノロジープラットフォームのことをさす。なお、第 1 のプラットフォームは「メインフレームと端末」、第 2 のプラットフォームは「クライアント・サーバー」と定義され、先に述べた IT の変遷(図表3.1)を時代とともに支えてきた。

　ビジネスにおいては、第 3 のプラットフォームによって、顧客に対するコミュニケーションのあり方が大きく変化した。テレビ CM やチラシなどによるマスマーケティングから、デジタルマーケティング、つまり、データを活用して個人を理解し、1 人ひとりに合ったコミュニケーションを個人と直接行う、One to One マーケティングへの変化である。

　なお、個々の技術や用語の定義については図表 3.2「本章に関連する用語」を参照されたい。

　また、先進テクノロジーの情報については米国の IT 調査・アドバイザー会社、ガートナーが 1995 年より発表しているハイプ・サイクル(hype cycle)が参考になる。見方を覚えておくとよい。

図表 3.2　本章に関連する用語(1/4)

用語	意味
4K/8K	4K/8K は、高精細な映像規格。「4K」「8K」の "K" は 1,000 を意味する。4K なら横方向に 3,840 画素、8K なら 7,680 画素。「2K」(フルハイビジョンは横方向に 1,920 画素)に比べ圧倒的に高精密である。
5G(第 5 世代移動通信システム)	「高速・大容量」「低遅延」「多数端末との接続」という特徴により、時差のない遠隔操作、臨場感のある映像の伝送が可能で、これにより自動運転サポートや遠隔医療などを実現し得ると期待されている。
AI	人工知能(Artificial Intelligence)。人間の思考プロセスと同じような形で動作するプログラム全般。
AR(Augmented Reality：拡張現実)	実際の画像や映像と CG の映像を合成することにより、現実世界で人が感知できる情報に「何か別の情報」を加え、現実を「拡張」表現する。
BA(Business Analytics)	ビジネスを分析すること。BA は、BI での分析結果を元にさらに分析を加えて将来を予測し、意思決定を支援する。
BI(Business Intelligence)	データを分析、可視化し、意思決定に活用するプロセスやツール。
CRM(Customer Relationship Management：顧客関係管理)	個人の属性情報、購買履歴や Web サイトの行動履歴、アンケートや第三者が提供するデータから得られる興味・関心などを集め、顧客毎にユニークな ID でつないで分析し、統合的かつリアルタイムな顧客理解を実現することで、顧客との良好な関係性を構築すること。
ETL	Extract(抽出)、Transform(変換)、Load(格納)の頭文字を取ったもので、各種データソースから抽出したデータを変換・加工をして、データベースにロードする一連の処理。
GAFAM	Google(Alphabet)、Apple、Facebook、Amazon、Microsoft の頭文字を取った呼び方。インターネットを軸にしたプラットフォームビジネスを展開する企業で、インフラとして得た膨大なビッグデータを所持し、ビッグデータと AI を駆使しデータを活用したビジネスを展開している点が共通している。
IoT(Internet of Things)	さまざまな「モノ(物)」がインターネットに接続されネットワークを通じて相互に情報交換をする仕組みのこと。「モノのインターネット」ともいわれる。

図表 3.2　本章に関連する用語(2/4)

用語	意味
One to One マーケティング	1 人ひとりの趣味嗜好に合わせて個別にアプローチするマーケティング手法。
SEO(Search Engine Optimization)	検索エンジン最適化。Web 検索結果で上位に表示させるために、優良な被リンクを集めたり(外部施策)、検索エンジンにページ内容を理解・評価されるよう技術的に Web ページを最適化したり(内部施策)すること。
SNS(Social Networking Service)	Facebook や Instagram、Twitter、LINE などのソーシャル・ネットワーキング・サービス。
SQL(Structured Query Language)	データベースを操作するための言語。DBMS 上で SQL を使って命令することによって、データの追加や削除、更新、集計、抽出、並べ替えなどを行う。
VR(Virtual Reality：仮想現実)	人工的に作られた仮想空間をあたかも現実のように体感させる技術。五感を同時に刺激し、仮想空間への没入感を与える。
オムニチャネル	個々のチャネル(顧客との接点)が、1 つのブランドが持つ複数の接点として捉えられるようになること。各チャネルを通して顧客 ID でつながった情報が蓄積されるため、顧客の行動データを分析しやすく、どのチャネルにおいても顧客やシーンに応じた一貫性のある最適なサービスを提供できる状態になる。
クラウド	インターネットなどのネットワーク経由でユーザーに IT サービスを提供するコンピュータの利用形態の 1 つ。クラウドサービスには、必要なリソースを必要なときに必要なだけ使うことができるなどの利点がある。
ソーシャル	SNS などに代表される、人と人を、ネットワークを介してつなげるサービスそのもの。さらには、人同士のつながりから情報を生み出して共有し、価値を創出すること。
ディープラーニング(DL：Deep Learning)	深層学習。人工知能の要素技術の 1 つ。ニューラルネットワーク(Neural Network)を用いることで、ビッグデータから人間の力なしに自動的に特徴を抽出して定義付けすることができる。

図表 3.2　本章に関連する用語 (3/4)

用語	意味
データウェアハウス (DWH)	基幹系など複数のシステムから必要なデータを収集し、目的別に再構成して時系列に蓄積した統合データベース。
データプレパレーション	あらゆるデータを IT 部門だけでなくビジネス部門のユーザーが思いどおりに加工・変換していく新しい手法。データを必要とするビジネス部門のユーザーが自ら、すばやくデータを準備できる環境にすることで、企業全体のデータ活用を大きく前進させることができる。
データベース (DB)	ある特定の条件に当てはまるデータを集め、使いやすい形(再利用できる状態)に整理した情報の塊。
データベースの正規化	データの重複をなくし整合的にデータを取り扱えるようにデータベースを設計すること。データベースの設計で用いられるのは第1〜第3正規形まで。 ・非正規形 …項目が繰り返し、複雑な構造になっている ・第1正規形…繰り返し項目、導出項目を排除 ・第2正規形…部分従属性項目を分離 ・第3正規形…推移関数従属性項目を分離
データマート	企業などで情報システムによって記録・蓄積されたデータから、用途、目的などに応じて必要なものだけを抽出、集計し、利用しやすい形に格納したデータベースのこと。データウェアハウスの中から特定の目的に合わせた部分を取り出したもの。
データレイク (data lake)	すべての構造化データと非構造化データ(画像、動画、音声、ソーシャルメディアなど)を保存できる一元化されたリポジトリ(保管場所)のこと。データをそのままの形で保存できるため、構造化されたデータ形式に整える必要がない。
パーソナライゼーション	CRM 基盤などに格納された顧客データを分析し、顧客1人ひとりに対して自社との関係性や顧客像を明らにすること。
ビッグデータ	膨大かつさまざまな種類・形式のデータの集合を表す用語。デジタルで保存できるあらゆる情報が当てはまる。
ブロックチェーン (blockchain)	ビットコインなど暗号資産(仮想通貨)の中核を担う技術。分散型ネットワークを構成する複数のコンピュータに、暗号技術を組み合わせた取引情報などのデータを同期して記録する。別名「分散型台帳」。

図表 3.2　本章に関連する用語 (4/4)

用語	意味
モバイル	小型・軽量化され持ち歩くことのできるコンピュータ機器や、これらを使って行う移動式の通信。さらには、モバイル機器と移動式通信を活用した移動性、携帯性、機動性そのものをさす。
機械学習 (ML：Machine Learning)	人間の「学習」に相当する仕組みをコンピュータなどで実現すること。入力されたデータからパターンやルールを発見し、新たなデータに当てはめることで、その新なデータに関する識別や予測などが可能となる。

3.3　ビッグデータと AI

　ビッグデータとは、膨大かつ、さまざまな種類・形式のデータをさす。ビッグデータは、Variety (多様性)、Velocity (速さ)、Volume (データ量)、Veracity (真実性)、Value (価値) の 5 つの V で成り立っており、ビッグデータで価値を創出するには、これらの特徴を生かすことが求められる。

　以前から利活用されてきたデータは、「列」と「行」の概念を持つ構造化データが主であり分析しやすい形式であったが、ビッグデータにはテキストデータやメールデータ、音声データ、動画データ、ログファイル、位置データ、センサーデータ、デザインデータ、SNS、為替取引データなどの非構造化データも内包され、これらを含めて分析し活用していくことに、過去にはない価値創造が期待できるのである。

　しかし、貯まり続けるデータは、あまりにも量が多く、種類が多様であるため、活用するために情報の一部を切り出そうとしても、どこからどの部分が有用なのか、それを見つけるだけでもかなりの手間がかかるなど、既存の手法では活用が困難である。この課題に対して AI が高い効果を発揮する。

3.3.1　AI

　「人工知能 (Artificial Intelligence：AI)」という言葉が初めて使われたのは、1956 年にアメリカで開催されたダートマス会議である。

　AI は、推論、認識、判断など、人間のような知的な処理能力を持つ機械 (情

報処理システム)であると理解はされているが、専門家の間で共有されている定義はまだない。

　AI の研究は「ブーム」(繁忙期)と「冬の時代」(閑散期)を繰り返してきた。1950 年代後半から 1960 年代の第 1 次 AI ブーム(推論・探査の時代)はルールベースによる推論と探査の研究が進んだが、複雑な現実の問題が解けないことが明らかとなり 1970 年代には冬の時代を迎えた。1980 年代にはデータベースに大量の専門知識をため込み学習させる第 2 次 AI ブーム(知識の時代)が起こったが、知識を蓄積・管理することの大変さが明らかになり再び冬の時代になった。

　そして 2020 年現在は 2010 年からの第 3 次 AI ブーム(機械学習・特徴表現学習の時代)が継続している。第 3 次ブームで過去とは飛躍的に異なるのが、ビッグデータを基に AI 自らが知識を獲得する機械学習(Machine Learning：ML、マシンラーニング)が実用化され、さらに自動的にデータの特徴をつかんで定義付けする深層学習(Deep Learning：DL、ディープラーニング)が登場したことである(図表 3.3)。

　今や AI はさまざまな機器やソフトウェアに実装されており、私たちの日常生活において身近な存在となっている。

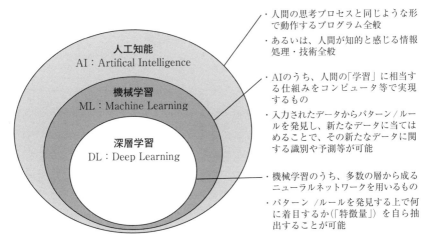

・人間の思考プロセスと同じような形で動作するプログラム全般
・あるいは、人間が知的と感じる情報処理・技術全般

・AI のうち、人間の「学習」に相当する仕組みをコンピュータ等で実現するもの
・入力されたデータからパターン / ルールを発見し、新たなデータに当てはめることで、その新たなデータに関する識別や予測等が可能

・機械学習のうち、多数の層から成るニューラルネットワークを用いるもの
・パターン / ルールを発見する上で何に着目するか(「特徴量」)を自ら抽出することが可能

人工知能
AI：Artifical Intelligence

機械学習
ML：Machine Learning

深層学習
DL：Deep Learning

(出典)　総務省：「第 1 部　特集　進化するデジタル経済とその先にある Society5.0」、『情報通信白書』、2019 年。

図表 3.3　AI・機械学習・深層学習の関係

3.3.2　AI の活用と課題

　AI 活用においては、分析精度を高めるために大量のデータが必要である。例えば、自動翻訳を行う AI を開発する場合、大量の対訳データで機械学習を行う。また、自動運転技術の開発で用いられるディープラーニングでは、ビッグデータから特徴を見つけ出すことで、人間に近い、あるいは人間以上に正確な判断ができるようになる。

　このように、ビッグデータと AI の関係性は深い。

　ビッグデータと AI はその特性から、それぞれ課題も抱えている。

　1 つ目は、ビッグデータが、さまざまな種類の膨大な情報を含むことから、匿名データであっても関連性のある情報をつなぎ合わせることで、個人を特定できてしまうというリスクをはらんでいるという点である。そのため、データを慎重に扱うことはもちろん、データ利用方針を開示し、ユーザーからの同意や賛同を得られるよう努力する必要がある。

　2 つ目は、AI でどのような処理が行われているのかがわからない（ブラックボックス）という点である。ビジネスの領域においてビッグデータや AI の活用を広げ、その価値を浸透させていくには、AI のサービスを提供する側がビジネスサイドへ説明する力、利用する側の AI への理解、双方が必要となる。

3.4　日本の DX における今後の課題

3.4.1　2025 年の崖

　日本企業にはデジタル化のスピードに大きな課題がある。スピードが出せない要因として「2025 年の崖」が指摘されている[2]。

　「2025 年の崖」が指摘するボトルネックの最たるものは、既存システム（レガシーシステム）である。既存システムの多くは、事業部門ごとに構築され、全社横断的なデータ活用ができず、標準的なパッケージソフトに対して過剰なカスタマイズがなされ、複雑化・ブラックボックス化している。そのため、保守・運用することで精一杯になってしまっている状況が多くの企業で見られる。

　その結果、ビッグデータの活用をはじめ、攻めの IT 投資が行えず、既存システムはますます老朽化し、保守・運用コストを削減することにリソースを割かざるを得ない状況になってしまう。

　たとえ経営者が DX を望んだとしても、既存システムの問題に加え、そのための業務自体の見直しに対する現場の抵抗が大きく、時間や人的リソースが足りず、いかに推進するかが課題となっている。さらに、既存システムにあらゆるリソースが奪われることで、新たなデジタル技術に長けた人材を育成したり確保したりできないことは、先々日本の競争力を損なう大きな要因となる。

　既存システムがこのような状況になってしまった原因は日本の IT ベンダー側にもある。ユーザー企業が要求するままにパッケージソフトを独自にカスタマイズすることでユーザーとの関係を維持してきた結果、大きな変革の波に柔軟・迅速に対応することのできないシステムになってしまった。

　2025 年までに何が起こるかの詳細については DX レポート[2]を参照されたい。この課題を克服できない場合、DX が実現できないのみでなく、2025 年以降、年間最大 12 兆円の経済損失が生じる可能性あるというのが「2025 年の崖」である。

3.4.2　日本企業の課題と DX の推進

　「2025 年の崖」に落ちまいと、日本企業でも DX への取組みは行われているが、次にあげるような要因から DX の実現に至ることはまれである。

- DX によって顧客視点でどのような価値を生み出せるのか理解が薄い。
- 経営トップからの号令はあるが、具体性がない。

　今までの延長線上の思考の中で、何かやらなければという漠然とした思いやトップからの号令に対するパフォーマンスなどで、PoC（Proof of Concept：概念実証…新たなアイデアやコンセプトの実現可能性やそれによって得られる効果などについて検証すること）を繰り返すにとどまり、実際のビジネス変革にはつながっていない多くの企業の現状がある。

　では、なぜ進まないのか、その気づきの機会を得るために自社の現状を客観的に把握するためのツールとして、経済産業省が「デジタル経営改革のための評価指標（「DX 推進指標」）」[3]を取りまとめている。

　「DX 推進指標」は、以下の 2 つの指標群から構成され、経営者自ら回答することが望ましい「キークエスチョン」と、経営者と幹部、事業部門、DX 部門、IT 部門と議論すべき「サブクエスチョン」に分れている。

- DX 推進のための経営のあり方、仕組みに関する指標

　　（「DX 推進の枠組み」（定性指標）、「DX 推進の取組状況」（定量指標））
- DX を実現するうえで基盤となる IT システムの構築に関する指標
  （「IT システム構築の枠組み」（定性指標）、「IT システム構築の取組状況」
  （定量指標））

　定性指標は、現在の日本企業が直面している課題やそれを解決するために押さえるべき事項を中心に選定された 35 項目からなり、DX 推進の成熟度を以下の 6 段階で評価する。

　　レベル 0：「未着手」

　　レベル 1：「一部での散発的実施」

　　レベル 2：「一部での戦略的実施」

　　レベル 3：「全社戦略に基づく一部部門での推進」

　　レベル 4：「全社戦略に基づく持続的実施」

　　レベル 5：「グローバル市場におけるデジタル企業」

　DX を推進するには、企業経営のあり方・考え方、企業文化や仕事の仕方まで変えていく必要がある。そのためには、経営幹部、事業部門、マーケティング部門、IT 部門などの関係者が現状や課題に対する認識を共有し、アクションを起こさなければならない。

3.5　マーケティングにおけるデータ活用

3.5.1　パーソナライゼーションと One to One マーケティング

　先進国においては人口の減少と高齢化により労働人口・消費人口の総量が減っていく。よって、企業にとっては CRM（Customer Relationship Management：顧客関係管理）を駆使して新規顧客開拓以上に既存顧客維持、優良顧客育成をしていくことが重要である。

　さまざまな情報やサービスにインターネットを通じてリアルタイムにアクセスするようになり、社会・産業・文化が成熟したことから、人々のニーズや価値観が細分化・多面化している。ゆえに企業は生活者が情報にアクセスするタイミングに合わせて 1 人ひとりに寄り添ったコミュニケーションを行う必要がある。いわゆる、パーソナライゼーションと One to One マーケティングである。

　今までのようなテレビCMやチラシなどのマス広告に頼ったマーケティングでは、生活者の興味・関心を引くことができなくなったのである。

　パーソナライゼーションとOne to Oneマーケティングを企業が実現するために必要なのはデータである。

　顧客を識別するユニークなIDと、そのIDに紐づく個人の属性情報、購買履歴やWebサイトの行動履歴、アンケートや3rd Party Data（自社では得られない第三者が提供するデータ）から得られる興味・関心などを集めて統合的かつリアルタイムな顧客理解を実現する基盤（CRM基盤）を構築する。このCRM基板のデータを分析して1人ひとりの自社との関係性や顧客像を明らかにするのがパーソナライゼーションである。

　パーソナライゼーションによって、1人ひとりにふさわしい情報を、適切なチャネル、適切なタイミングで通知するなどのアクションを起こし、一貫性のある適切なコミュニケーションを取ることが可能となる（One to Oneマーケティング）。ただ、これを実践するには人の手作業では不可能であり、ITを駆使して自動化する必要がある。こうしたマーケティングをサポートする仕組み、ソフトウェアやITツールによるマーケティングの自動化をMA（Marketing Automation：マーケティングオートメーション）という。

　MAを実現するITツールやサービスは数え切れないほど存在するため、目的に合わせてITツールやサービスを組み合わせるデザイン力が求められる。また、生産性を高め、顧客のLTV（Life Time Value、顧客生涯価値：顧客が一定期間内にその企業の商品やサービスを購入した金額）を高めることが、マーケティングにおいてますます重要となっている。

　このように、データをもとに判断、意思決定し行動につなげることを「データドリブン」というが、従来の「KKD」（勘・経験・度胸）で培ってきたものとはあまりにも性質が異なるため、導入においては事業を運営している現場や既存のマーケティング担当者に受け入れられにくい難しさもある。

3.5.2　デジタルマーケティング

　デジタルマーケティングは、インターネットやITなど「デジタル」を活用したマーケティング手法である。インターネット広告、Webサイト、電子メール、スマホアプリなど、デジタルによって顧客との接点が多様化している。そ

こには口コミサイトや SNS、さらにはデジタルサイネージや決済情報、どこでアクセスしたかといった位置情報など、あらゆるデジタルデータが含まれる。

　デジタルマーケティングの活動によって蓄積した消費者のビッグデータから消費者を理解するには、データサイエンスなど特別なスキルが要求され、そこで AI が価値を発揮する。デジタルマーケティングと AI を組み合わせることで、膨大な顧客データを瞬時に分析し、複雑化する消費者行動を予測することができる。

　例えば、行動を分析することで退会しそうなサインを出している会員に対して特典を用意したり、販売後のフォローを行うことで退会を思いとどまるような施策を講じたりすることが可能となる。

　また、需要予測や、消費者が求めている商品の関連商品を推測してアドバイスすることができる（レコメンデーション）。人間だけでは知り得なかったデータの分析結果により、顧客の興味・関心に合わせて、良質なコミュニケーションができるようになるのである。

　デジタルマーケティングでは、データエンジニア、データサイエンティスト、Web エンジニア、デザイナー、クリエイターなど、多岐にわたる分野のエキスパートが協力して、新規顧客開拓、顧客育成（ナーチャリング：nurturing）、顧客のファン化などのために、マーケティング施策を遂行し、高速に PDCA を繰り返す。

3.5.3　インターネットによるチャネルの変化

　インターネットとスマートフォンの普及により、広告媒体がテレビからインターネットのデジタル広告に移り変わり始めた。従来のマス媒体よりもインターネットを介したデジタル媒体のほうが重視される傾向が続いていたが、2018 年にはテレビとインターネットの広告費が逆転した。

　このようは広告費の変化は、インターネット環境の進化、スマートフォンの普及による生活者の購買行動の変化に対応するため、企業が「オムニチャネル」を推し進めてきた結果といえる。複数チャネルにまたがる購買行動をシームレスかつスマートに行えるようにすることが「オムニチャネル」である。「オムニチャネル」は顧客体験価値（Customer eXperience：CX）を高め、顧客獲得機会を逃さないために必須な戦略である。

　「オムニチャネル」では顧客 ID が一元化され、購入者はいつでもどこでもスマートフォンで商品を検索し、商品情報や口コミなどを比較し、店頭で現物を確認し、オンラインストアで購入し、コンビニエンスストアで受け取るといった購買行動ができる。

　「オムニチャネル」は、「マルチチャネル」「クロスチャネル」の発展形として登場した。

　「マルチチャネル」は店舗やオンラインストアなど複数のチャネルを提供する戦略であるが、各チャネルが独立しており、顧客から見ると別のサービス（チャネル）であるように見える。顧客 ID が一元化されていないため、顧客も購入チャネルごとに情報登録が必要になるなどの手間が発生する。

　「クロスチャネル」は複数チャネルの在庫情報や顧客情報など共通で持つべきシステムを背後で連携させることで、顧客はオンラインストア、店舗どちらからでも商品を購入できる。

　さらに「オムニチャネル」では、個々のチャネルを 1 つのブランドが持つ複数の接点としてとらえられるようになり、各チャネルを通して顧客 ID でつながった情報が蓄積される。そのため、顧客の行動データを分析しやすく、どのチャネルにおいても顧客やシーンに応じた一貫性のある最適なサービスを提供できる状態になる。

　なお「シングルチャネル」は 1 つのチャネルでしか購入できず、顧客にチャネルの選択肢がない状態のことをさす。

　オムニチャネルからさらに発展し、「O2O」（Online to Offline の略でオーツーオーと読む）、「OMO」（Online Merges Offline の略）という言葉が登場した。

　O2O は「オンラインからオフラインへ誘導するマーケティング概念」であり、EC サイトなどのオンラインからオフライン、つまり実店舗やイベントなどへと誘導する施策などのことをさす。SNS でクーポンを発行し、実店舗で購入を促すキャンペーンは O2O 施策である。オムニチャネルは顧客満足度や顧客体験の向上によってエンゲージメントを高めファン化を促す戦略であるのに対し、O2O は集客がメインとなる。

　OMO は「オンラインとオフラインの融合」であり、オムニチャネルの次の概念として注目されている。オムニチャネルはあくまで「チャネル」をベースに統合したものであるのに対し、OMO は顧客体験の最大化をめざしオンライ

ンとオフラインの垣根を超えて購買意欲を創り出そうとするマーケティング概念である。

　また、O2O は「企業目線」であることに対して、OMO は「顧客目線」「顧客体験重視」という違いもある。オンラインとオフラインを融合することは、顧客の購買行動がオンライン、オフラインにかかわらずデジタルデータ化されることを意味する。これらデータ化された顧客の情報を活用し、よりよい顧客体験を提供するのが OMO である（図表 3.4）。

　デジタルマーケティングの概念は進化しており、顧客をどれだけ「個客」と捉えられるかが重要となってきている。

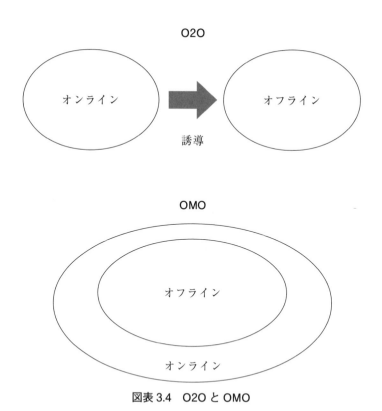

図表 3.4　O2O と OMO

3.6 Web マーケティング

　Web マーケティングは、デジタルマーケティングの中で Web サイトに特化したマーケティング手法である。Web 広告を使って Web サイトへの流入を促したり、Web サイトを訪れたユーザーのサイト内でのアクセス行動を追いかけたりすることで、ユーザーが Web サイトに対してどのような情報を求めているのかを探り、消費につながる Web コンテンツへと改善を重ねていく。

　Web マーケティングが重要な理由は、Web が身近な存在になり、消費者が情報収集から比較検討、購入までの一連の購買活動の中で Web 媒体に触れる機会が増えたことと、効果測定をしやすいマーケティング手法であることがあげられる。Web 広告なら表示回数やクリック回数、EC サイトへの流入数など、各施策が持つ指標について数値で結果を把握でき、次回以降に行う施策の改善につなげることができる。

3.6.1 Web マーケティングの手法

　Web マーケティングで行う代表的なプロセスをピックアップし説明する。
- Web サイトの制作・改善
- SEO（検索エンジン最適化）
- Web 広告
- SNS マーケティング

（1） Web サイトの制作・改善

　Web サイトは、見やすく、わかりやすく、目的の情報にすぐたどり着くことができ、できるだけサイト内に滞在してくれて、最終目的（入会、資料のダウンロード、購入など）まで到達してもらうことが大切である。そのために改善を繰り返す。

　Web サイトをチェックし改善するには「現状把握」をする必要がある。Google Analytics などのアクセス解析ツール、Google Search Console、ヒートマップなどを使えばサイトの利用状況を可視化することができる。

　例えば、どれぐらい閲覧されているか、どんな人がサイトを見ているか、何を使ってサイトを見ているか、いつ見ているか、どこからサイトに訪問したか

（流入経路）、流入キーワードは何か、などの情報を確認することができる。その結果をもとに課題を洗い出し、課題解決のための仮説を立て、仮説にもとづいた施策を検討・実施し、効果測定を行い、サイトを改善する。

　改善する際には A/B テストツールを使えば、色やボタンの位置などが異なるパターンのものを作成し、どちらが効果的か比較することもできる。

（2）　SEO

　SEO（Search Engine Optimization）とは「検索エンジン最適化」のことである。SEO により、優良な被リンクを集めたり（外部施策）、検索エンジンにページ内容を理解・評価されるよう技術的に Web ページを最適化（内部施策）したりすることができる。具体的には検索エンジンで、自社が想定するキーワードで検索された場合に、自サイトが上位に表示されるようにすることを意味する。

　SEO 対策には、広告費がかからない。また、検索結果のランキング上位に表示されるようになると中長期的に安定した集客が期待でき、高いブランディング効果も得られる。反面、即効性に欠けたり、検索エンジンの仕様に左右されたりするデメリットがある。

（3）　Web 広告

　Web 広告は、Web サイトやメールなどに掲載される広告のことで、テレビ CM やチラシなどの従来の広告とは異なり、ユーザーの年齢・性別や行動履歴、居住地域などを限定して出し分けることができる「ターゲティング性」と、表示した広告に対し、ユーザーがクリックなどの行動で反応する「インタラクティブ性」を有する。

　Web 広告は、少ない費用で始められるうえ、細かいターゲティングができ、効果測定がしやすい。また、出稿期間中にクリエイティブやターゲティングを調整でき、短期間で効果が得られやすい、といったメリットがある。

（4）　SNS マーケティング

　SNS マーケティングは SNS を活用してファンを獲得し、企業の売上・ビジネス成長につなげるマーケティング活動である。最近では、SNS からの情報

に影響されて商品を購入する人が多く存在する。

SNS マーケティングにおいては、企業の公式 SNS アカウントを運用する。これにより、自社ブランドに関する情報発信を行い、SNS が持つ独自の広告配信サービスを利用し、画像や動画を用いた訴求力の高い広告を、詳細なターゲティングをしたユーザーへ見せることができる。

SNS を通してキャンペーンなど、ユーザー参加型の行動喚起施策を打ったり、特定のコミュニティにおいて強い影響を与えるインフルエンサー(インスタグラマーやユーチューバーなど)を企業が起用し、消費者の購買行動に影響を与えるインフルエンサーマーケティングを行ったりすることも可能である。

また、主に SNS を通して消費者の意見収集をし、ビッグデータを活用したマーケティングを展開できる。これはソーシャルリスニングと呼ばれる。

3.7 データの活用

3.7.1 データの種類と形式

統計データは、大きく2つに分けられる。

- 定量的データ(量的データ) …数値として把握可能(測れる)データ
- 定性的データ(質的データ) …数字で表すことができない(測れない)データ

取り扱いやすいデータ形式について説明する。

パソコン等に保持している構造化データの受け渡しをする際、テキスト形式のデータでやり取りすることがほとんどである。その際、以下の状態でやり取りすると、分析や可視化を行う際に便利である。

- 文字コードは Shift-JIS ではなく UTF-8

  Shift-JIS(日本語版 Windows で一般的な文字コード)では海外製ツールで読み取れない場合がある。メモ帳などのテキストエディタのほとんどはデータを保存する際に文字コードを選択できるので UTF-8 で保存する。

- 項目の区切り記号は CSV(カンマ区切り)よりも TSV(タブ区切り)

  TSV の場合、データ項目の文字情報としてカンマやダブルクォーテーション(")が含まれていても気にする必要がない。

- 1行目にフィールドのタイトルを付ける。
- 数値項目にカンマや通貨文字など数字以外の情報を含めない。

3.7.2　データの収集と加工

　一連のデータ処理の中で最も煩雑で手間のかかるプロセスが、データの収集と加工である。データサイエンティストが多くのコストを投入するのが「データ準備」である。システムのサイロ化、非構造化データの取り扱いの煩雑さ、データの一貫性や整合性の不十分さなどの理由から、鮮度よく精度の高いデータを常に利活用できる状態で保存、維持するために、相当の運用コストがかかる。

　データの収集や加工は、データ活用のための一連の処理の中では地味で目立たない作業ではあるが、データ活用の根幹を成す重要なプロセスでもあり、ビッグデータを活用したデータドリブンな企業へと変革するための最初の関門となる。そのため、データを収集・加工する IT ツールが注目されている（表 3.2 参照）。

3.7.3　データの活用

　ビッグデータをリアルタイムに分析・活用することで、顧客の需要を捉えた新しいアプローチが可能となる。

　しかし、ビッグデータは自動的にマーケティングに反映されるものではないため、自らデータを分析し、得られる結果をマーケティングに反映していく必要がある。また、データ分析の方法には種類が多く、それぞれ目的や用途に合わせた分析方法を使い分け、さらに分析結果の違いを理解できなければ、データをマーケティングで効果的に活用できないため、データ分析に関する知識が必要となる。

　マーケティングにおける代表的な分析手法には、クロス集計分析、アソシエーション分析、ロジスティック回帰分析、因子分析、ABC 分析、デジタル分析、RFM 分析などがある。

　さらに、レコメンドや広告効果の最大化という目的においては、AI 活用が進んでおり、機械学習やディープラーニングが力を発揮する。リアルな店舗では、顧客の動線をカメラなどのセンサーで捉え、購買データと合わせて AI に学習させることで、店舗レイアウトの最適化や店員の配置などを改善し、顧客の滞在時間や購買単価を改善するなど、新たな取り組みも進められている。

　なお、データ分析を行うには、Python などのプログラミング言語や、プロ

グラミングしたりプログラムを実行したりする環境（Jupyter Notebook など）
の知識が必要となる。IT サービスによってデータ分析が自動化されている部
分もあるが、データサイエンティストをめざすのであれば、統計学とプログラ
ミングのスキルをもってデータ分析を行えるようになることが望ましい。

　データ分析によって作り上げたモデルを利用するには、分析したプロセスを
パッケージ化して他のプログラムから使えるようにする必要がある。

3.7.4　データの可視化

　データの可視化は、データから導き出した情報を一目でわかる形に整理し表
示することで、データの「見える化」「視覚化」ともいう。人間は数値データ
を覚えることが弱いため、データの可視化は直感的にデータが示す意味を理解
させる最も簡単な方法である。

　データ分析は「データと気づきの往復」であり、このサイクルを回す要とな
るのが「可視化」である。可視化で得た気づきによって、さらに必要となるデ
ータや適切な分析手法がわかり、必要としている知見を得ることができる。

3.8　デジタルシフト

　オムニチャネルから O2O、OMO への移行、オンラインとオフラインとの融
合、デジタルへのシフトが進んでいる。

　オンラインとオフラインがシームレスにつながり、コミュニケーションの土
俵においてはオフラインとオンラインが逆転し、オンラインが今や加速度的に
拡大している。

　IoT や 5G の普及によって、この現実世界をデジタル（ネットワーク）が網羅
するようになり、それに応じて、マーケティングにおけるタッチポイントも無
数に増えていく。さまざまな面で、オフラインを軸にオンラインを活用する発
想から、すべてがオンラインである前提に変えいく必要がある。マーケティン
グにおいても同様に、デジタルを中心に据えたコミュニケーションを前提に取
り組んでいく必要がある。

第 3 章の参考文献

［1］　総務省：「第 1 部　特集　進化するデジタル経済とその先にある Society5.0」、『情報通信白書』、2019 年。

［2］　経済産業省：「DX レポート　〜 IT システム「2025 年の崖」克服と DX の本格的な展開〜」、2018 年 9 月 7 日。
https://www.meti.go.jp/shingikai/mono_info_service/digital_transformation/20180907_report.html

［3］　経済産業省：「デジタル経営改革のための評価指標(「DX 推進指標」)を取りまとめました」、2019 年 7 月 31 日。
https://www.meti.go.jp/press/2019/07/20190731003/20190731003.html

第4章

人的資源管理の特徴と
キャリアコンサルティング

4.1　人的資源の重要性

　企業をはじめとする組織体が理念やビジョンを実現し、目標を達成するためには、そこで働く人々は必要不可欠な要素の1つである。個々の働く人が組織にとって有意義な活動を行い、組織全体として調和のとれた状態になっていなければ、組織は継続的に事業を存続し、目的を達成することができない。

　人的資源管理（Human Resource Management：HRM）とは、企業をはじめとする組織体が目的を達成するため、働く人々（人的資源）をマネジメントするための一連の活動をさす。

　本章では、人のマネジメントに関してこれまで学習したことがない初学者に向け、人的資源管理の特徴を略説する。人的資源管理は、組織で人がイキイキと働くためには欠かせないものであり、これらの仕組みについて学ぶことは、将来、企業などで働く大学生にとっても、大変役に立つものであろう。

　そして、人的資源管理の方策の1つとして、現在、国がさまざまな施策を立て推進し注目されるキャリアコンサルティングについても紹介する。

4.1.1　人的資源管理とは

　人的資源管理は、「人のもつ諸能力を高めることが（組織の）持続的競争優位を獲得するうえで、きわめて重要であることを強調する雇用関係管理の戦略的アプローチ」[1]と定義される。

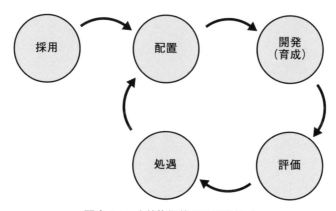

図表 4.1　人的資源管理の活動概略

　企業側の目線で人を重要な経営資源として捉え、目標達成に必要となる人材の資質、能力を予測し、その条件を満たす人材を確保することが、人的資源管理の目的である。大きく分けて、採用、配置、開発（育成）、評価、処遇など人材にかかわる制度の設計や運営を行う一連の活動（図表 4.1）が人的資源管理である。

　人的資源管理には、制度化されているものだけでなく、制度化されず慣行として実施されているものや単発の活動も含まれる。例えば、「職場で働く従業員に激励の言葉をかけ、仕事に対するモチベーションを維持させる」というような明文化されていない行動も人的資源管理の一部である。

4.2　組織構造

　人的資源管理が行われるのは、企業をはじめとする「組織」においてである。本節では、その組織について、基本的な項目を確認する。

4.2.1　組織と集団

　組織とは、構成員が、共通の目標を持ち協働することで相乗効果が生み出され、組織構成員個々人の努力の総和よりも高い生産性を得ることができる。

　組織に対して「集団」という言葉がある。集団の場合は人が集まっていても、個々人の力の総和よりも小さな成果しか得ることができない。例えば、「電車

にただ乗り合わせた人々」のように共通の目標がなく、それぞれが同じ場所に集っているだけで、大きな成果を見込むことはできない状態を示す。

　企業においては、個人の能力の限界を補い、必要な能力に優先順位をつけながら効果的に分担し、経営に必要な能力をバランスよく備えた「組織」となることが求められる。ここで、人的資源管理が大きな役割を果たす。

4.2.2　分業

　組織を作るためには、まず、組織全体の業務を細分化させた職務についての役割分担(分業)を考え、その調整を行う。さまざまな仕事を分業することによって、作業能率(成果÷投入量)を上げることができる。

　経済学者アダム・スミス(Adam Smith)は、分業には3つのメリットがあると述べている。第一に、「各労働者が道具や場所を変える際に行われる作業の中断が不要になること」。第二に、「割り当てられた仕事を繰り返し従事することによって、労働者の習熟度が上がり、成果が上がる学習効果(習熟効果)が見られること」。第三に、「作業が分割されることにより、その作業に適した道具の開発や改善が促進されやすくなること」である。

　それに加えて、数学者・哲学者チャールズ・バベッジ(Charles Babbage)は、「分業を行うことで、熟練労働者が単純作業から解放され、高度な作業部分のみに集中することで、その分の人件費を節約することができ、組織全体の効率を向上させることができる(バベッジ原理)」と述べている。

4.2.3　権限委譲

　分業は、組織全体を見て調整していくことが重要である。特に大規模組織の場合では、指揮命令系統や意思決定権限について定めることで、組織の構造が決まってくる。

　組織を運営していく中で、企業の経営者など組織のトップが、すべての意思決定や指示命令を行っていくと、経営者の仕事量が多くなり過ぎ非効率的となる。よって意思決定について、その重要度にあわせて権限委譲(empowerment)していくことが必要となる。何を重要と捉えるかは組織によって異なる。

4.2.4　集権化と分権化

　意思決定権限を、組織上位に集中させることを集権化（centralization）、現場になるべく権限委譲していくことを分権化（decentralization）と呼ぶ。集権化を進め組織上位の一部に意思決定権限が集中すると、組織全体を見て分業を調整しやすくなる一方、意思決定に参画できない現場の従業員のモチベーションが下がりやすくなるというデメリットがある。逆に、分権化を進め現場に権限委譲することにより、スピード感をもった意思決定ができる一方、組織全体を見渡した調整が難しくなる。

　組織の形態として、図表 4.2 のように、多くの階層からなるピラミッド型組織（階層型組織）と階層が少ないフラット型組織（ネットワーク型組織）に分けることができる。組織が大規模化するにつれ、1 人の管理者に対し管理の目が行き届く人数の関係から、通常は階層が生まれる。

　従来の多くの企業で採用されているピラミッド型組織は、軍隊組織が原型とされ階層がはっきりとわかれている。組織上部から指示することで組織の進む方向性を組織全体で合わせやすく分業を調整しやすいというメリットがある。また、明確な仕事の順序と役割定義がされており、問題が起こった際に、責任の所在を判別しやすい。

　一方で、ピラミッド型組織はスピード感のある意思決定や柔軟な対応ができない恐れがある。また、分業が厳密に定められていることから、ピラミッドの下部で働く従業員が、上司からいわれたとおりに仕事をこなすだけになってしまいがちなことから、機械的組織（mechanistic organization）とも呼ばれる。

　これに対して、フラット型組織は、機械的組織に対する言葉として有機的組織（organic organization）とも呼ばれ、柔軟性が高くスピード感を持った意思

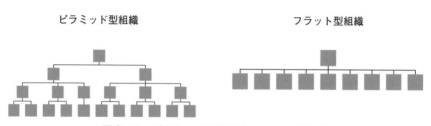

ピラミッド型組織　　　　　　　　　　フラット型組織

図表 4.2　ピラミッド型組織とフラット型組織

決定ができ、従業員のモチベーションの向上をはかれるメリットがある。また、中間管理職の数を減らすことができることからコスト削減にもつながる。

　一方、フラット型組織は、従業員の自立性や主体性を前提とした組織形態であるため従業員の行動を管理しづらい。業務プロセスが明確でない傾向があり、未熟な人材の育成が難しいなどのデメリットもある。フラット型組織が、組織全体での共通の方向性をとり、組織としての力を発揮するには工夫が必要である。例えば、保育士の勤続年数が長い保育所の調査では、フラット型組織形態とともに、そこに一体感・共通認識醸成のためのさまざまな配慮や工夫がこらされている事例が見られた[2]。

　組織形態は、ピラミッド型組織、フラット型組織だけではなく、その折衷型やまったく異なる形態などさまざまある。重要なことは、各組織形態の特徴を理解して、組織がめざす目的を達成するのにどのような形態が最も適しているかを考え、また、組織の発達局面に適した形へと変化していくことが重要である。

4.2.5　組織の3次元モデル(キャリアコーン)

　組織構造について、構成員(企業の従業員)の外的キャリアの視点から表したものが「組織の3次元モデル(キャリアコーン)」(図表4.3)である[3]。

　キャリアとは、「一般に『経歴』、『経験』、『発展』さらには、関連した職務の連鎖などと表現され、時間的持続性ないし継続性を持った概念」[4]と定義される。キャリアは、外的キャリア(経験した仕事の内容や実績、組織内の地位)と内的キャリア(気持ちやニーズ、働く意味づけ)の2つの軸から捉えることができる。

　組織の3次元モデルは、組織心理学者、エドガー・H・シャイン(Edgar Henry Schein)が、組織構造を円錐形で表現し、組織内での人がどのように変化していくのかを外的キャリアの視点から3つの次元(方向性)で示したものである[4]。

　方向性の1つ目は、組織のタテ(垂直方向)の移動、つまり、組織内での業務遂行上の地位である職位や職階が上がる(下がる)方向性の動きである。具体的には、係長、課長、部長などの役職に就くという昇進がこれにあたる。

　次の方向は、円周上に沿ったヨコ(水平方向)の移動である。これは異なる職能(専門領域)への動き。具体的には、営業部から人事部へなど、異なる部署へ

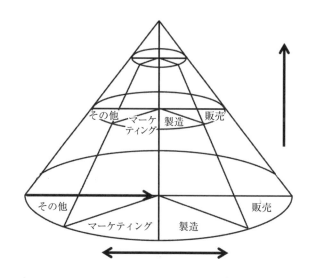

（出典）Schein：『キャリア・ダイナミクス』、p.41、1991年
図表4.3　組織の３次元モデル（キャリアコーン）[3]

の異動がこれにあたる。

　最後に、組織の中心に向かう移動がある。例えば、特定の部署で長く勤務を続けることによって、昇格など垂直の動きはなくとも、その職能に関してエキスパートとなったり、部内の重要な情報にアクセスがしやすくなったり部内での発言権が増すなどの動き（部内者化）である。

　このように、組織構成員がタテ・ヨコ・中心といった３つの動きを複雑に絡みあわせて、組織を構成している。人的資源管理はこれらの管理を行う。

4.2.6　メンバーシップ型、ジョブ型

　近年、日本企業において、関心を高めている雇用形態として、「ジョブ型雇用」があげられる。

　現在、多くの日本企業で採用され日本型雇用とも呼ばれるメンバーシップ型雇用は、従業員に対して仕事を割り振るのが基本的な考え方である。この雇用形態の前提には、終身雇用と新卒一括採用という仕組みがある。

　企業は、新卒採用時は多くの学生を総合職として職務内容は明確に示さずに

採用する。そして、ゼネラリスト育成を前提に定期的に転勤や異動、ジョブローテーションを繰り返し、長期的な視点で従業員を育成していくことを基本としている。人事評価は、上司などが総合的に行い、賃金はその従業員が持つ職務遂行能力に対して支払う職能給もしくは学歴、年齢、勤続年数により支払われる年功給が一般的である。

　メンバーシップ型雇用のメリットには、自由な人材配置や柔軟な人材育成が可能な点などがあげられ、日本企業ではこれまでこのメンバーシップ型雇用が主流の雇用形態であった（図表 4.4）。

　それとは正反対の仕組みで、欧米において主流となっているジョブ型雇用は、「適所適材」が基本的な考え方である。企業は仕事に必要なスキルや経験を持つ従業員を即戦力として配置する。採用時には、その仕事に就くために必要なスキル、経験、職務内容を明記されたジョブディスクリプション（職務記述書）が労働者に示され、基本的にその内容は公開される。賃金は、現在遂行している仕事に対して支払う職務給を、仕事の成果物の評価として支払われる。

　これまでのメンバーシップ型では、ジョブローテーションを行うことによって、仕事の俗人化を防止し、部署間のコミュニケーションを活性化することができた。また、さまざまな状況に対応できる人材を戦略的に育てることができた。

　一方、ジョブ型では、労働者は基本的に能力が上がっても同じ仕事をしている限りは基本的に給与も変わらないため、より高いレベルの仕事や賃金を求める場合は別の企業に転職するということが一般的である。このように、両者メリット・デメリットがあるが、前述したとおり、現在では日本企業において、ジョブ型雇用が注目されている（図表 4.4）。

図表 4.4　メンバーシップ型とジョブ型の特徴

考え方	メンバーシップ型	ジョブ型
考え方	適材適所	適所適材
職務内容	範囲が曖昧 ジョブローテーションあり	ジョブディスクリプション （職務記述書）に明記
前提	長期雇用	即戦力
人材開発	会社主導	個人主導
評価	総合評価	成果物で評価
賃金	職能給が一般的	職務給

ジョブ型雇用が注目される理由はいくつかある。

　まず、経営のグローバル化やテクノロジー分野など海外からの人材調達の必要性である。先述したように欧米ではジョブディスプリクションを明示したうえでのジョブ型雇用が一般的であり、海外の優秀な人材を採用するには、日本企業も雇用形態をあわせていくことが求められるからである。

　続いて、国内における労働市場の流動化があげられる。従来のメンバーシップ型雇用は、人に対して仕事が付随し職務内容が曖昧なため、個人と仕事を切り出すことが難しい。しかし、中途採用やフリーランスを活用するには、職務内容を明示した募集が有効である。そして、コロナ禍に伴う大規模な在宅勤務導入も、ジョブ型雇用への関心が高まる要因となった。オフィスに従業員がいなくて「働きぶり」を見ることができなくても、各々の職務内容が明確であれば評価がしやすくなる。

　日本経済団体連合会（経団連）も、2018 年に「Society 5.0 －ともに創造する未来－」[5] において、「日本型雇用慣行のモデルチェンジ」を提言した。実際に、日立製作所、富士通、資生堂、KDDI、オリンパスなどがメンバーシップ型雇用からジョブ型雇用への移行を進めている。

　人的資源管理の中でも、組織形態の変更は、組織の経営と従業員の生活に大きな影響を与える。そのため、組織形態の変革をする際には、それを支える仕組みづくりなどを考慮したうえでの実施が望ましい。

　例えば、ジョブ型雇用への移行にあたってジョブディスクリプションを導入するには、それに合った正当な評価軸が必要であるが、その構築には相当な、時間と労力が必要である。

　また、メンバーシップ型雇用からジョブ型雇用へ変化すると、従業員各自が今までのように所属組織にキャリア形成を委ねるのではなく、社会の変化の潮目を読み、自らの価値観にもとづき主体的に生き方をデザインしていくキャリアの自律が求められるように変化する。

4.3　人的資源管理の特徴

　4.2 節では、組織の形態について略説した。続いて、本節では人的資源管理の特徴を述べる。まず、人事労務管理と人的資源管理の違いを図表 4.5 に示す。

図表 4.5　人事労務管理と人的資源管理の違い

	人事労務管理	人的資源管理
前提	労働者にとって仕事は、不快なものである X 理論	労働者は目標に貢献することを欲している Y 理論
人件費	コスト	投資
管理方法	集団管理	個人管理
時間的な視点	短期	長期

4.3.1　人事労務管理との違い

人的資源管理は、従来の人材を単なる労働力と捉える人事労務管理（Personnel Management：PM）とは異なり、人材を企業の付加価値を生み出す貴重な経営資源として活用しようという考え方からなる。

人事労務管理は、心理・経営学者のダグラス・M・マクレガー（Douglas M McGregor）が「本来、人間は怠け者であり働くことが嫌いであるから、組織の目的を達成するためには人間の統制・管理が必要である」という X 理論[6]を前提としていたのに対し、人的資源管理は、「本来、人間は働くことに喜びを感じているので、組織の目標達成のために人間は進んで行動を起こし問題解決する存在である。よって企業は従業員の自主性を尊重し、組織繁栄のために協働できるよう管理をする必要がある」という Y 理論[6]を前提としている。

人事労務管理では、人件費を「コスト」と捉えて、短期的業績を視野に、従業員を「細分化された職務を実行する労働力」として、監視・統制してきた。一方、人的資源管理では、従業員を意思や感情を持ち「経営戦略を実現する資産」としてとらえて、育成、開発、活用することに重点を置いている。

4.3.2　人的資源の特徴

経営学者ピーター・F・ドラッカー（Peter Ferdinand Drucker）は「人的資源、すなわち人間こそ企業に託されたもののうち最も生産的でありながら、最も変化しやすい資源である。そして、最も大きな潜在能力を持つ資源である」[7]と述べている。経営資源の中で、人的資源ならではの特徴は以下の3点である。

(1)　変化・成長（発達）

　人的資源の特徴は、第一に、変化・成長（発達）をするということである。人的資源は、他の経営資源と異なり、適切な教育・研修の機会を与え、知識や経験を積ませることで、成長し組織に経済的価値をもたらす。

　実際の職務現場で業務を通して行う教育訓練 OJT（On-The-Job Training）や、実務を離れた研修 Off-JT（Off-The-Job Training）、自発的に学ぶ自己啓発などの能力開発方法の中から、適切なものを選定し実施し、従業員がもつ潜在的能力を、できる限り伸ばすことは人的資源管理の大きな役割の1つである。

(2)　思考し、感情をもつ

　人的資源の第二の特徴は、人は自由に思考し感情を有しているという点である。これも他の資源のマネジメントと異なる点である。感情や情緒といった「心」を基底に持っている人的資源に配慮するということは大切な要素となる。例えば、短期的に能率を上げることをめざすあまり従業員の感情に配慮しない管理を行った場合、業務が十分に執行されず、退職行動につながるなど、長期的な事業の継続の障壁となる場合もある。これはモノやカネなど他の資源とは大きく異なる特徴である。

(3)　個別性

　人的資源の最後の特徴には、人的資源の個別性があげられる。個々に異なった人格や感情を持つ人的資源管理には決まった成功の型は存在しない。そのため絶対的にどの組織においても適した優れた制度や仕組みは存在せず、あくまでも、個々人やそれを管理する企業の経営戦略に関連付けられた仕組みが求められる。

4.4　キャリアコンサルティング

4.4.1　経営環境と労働観の変化

　4.2.6 項でも述べたように、経営環境の変化から、日本企業の人材マネジメントは、これまでの会社に長期貢献する画一的な正社員を主にしたマネジメントから、多様な働き方や職務の専門化を前提として、より個人に配慮した制

度・仕組みの構築が求められている。

　また労働観の変化も見られる。図表 4.6 に示すように、労働者が仕事のやりがいを感じる要因には、「昇給や昇格」などの外から与えられる外的報酬よりも、「スキルアップや自分の成長を実感すること」といった仕事そのものから生まれる内的報酬が多くあげられている[8]。この調査の結果からも、労働条件の改善などだけではなく、労働者個々の働くうえでの内的なニーズを把握することが、今後の人的資源管理において、より一層求められるといえる。

　このように、経営環境と労働観の多様化に対して、有用なアプローチの 1 つとして、キャリアコンサルティングが注目を集めている。

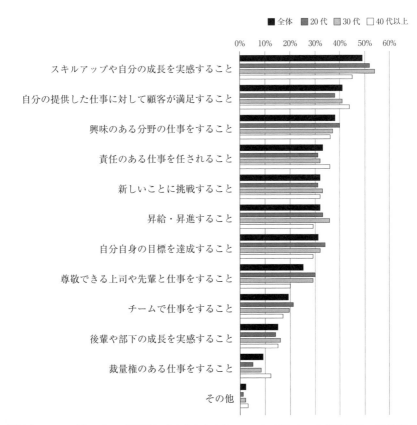

（出典）　エン・ジャパン：「仕事に求めること」について　アンケート集計結果、2017 年

図表 4.6　仕事をするうえでやりがいを感じること [8]

4.4.2　キャリアコンサルティングとは

　キャリアコンサルティングは「労働者の職業の選択、職業生活設計または職業能力の開発及び向上に関する相談に応じ、助言及び指導を行うこと」(職業能力開発促進法第 2 条 5)と定義される(図表 4.7)。

　企業におけるキャリアコンサルティングは、キャリアコンサルティングを行う専門家であるキャリアコンサルタントがキャリア理論等の専門的な知見にもとづき、従業員の心理的な自己洞察(気づき)を促し動機づけを行い、キャリア形成について認識を深め、明確化し、従業員の仕事やキャリアに対して行動変容を促す面談のことであり、一般に上司等が行うキャリア面談とは区別される。

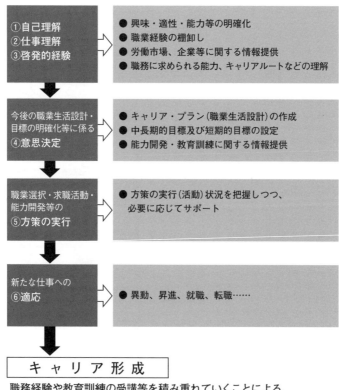

（出典）　厚生労働省 HP

図表 4.7　キャリアコンサルティングの流れ [9]

このような心理的側面を扱う手法をカウンセリングと呼び、キャリアコンサルティングは、キャリアコンサルティング資格制度が定められるまで、キャリアカウンセリングと呼ばれることも多かった。

4.4.3 人材定着に必要な要素

働き続けるうえで、自身のキャリアパスを明確にできることや、職場が自分に合っていると感じられるのは重要な要素である。

入社企業の満足度に影響を及ぼす要因についての調査[9]で、企業への総合満足度は、「労働条件満足度」よりも「将来のキャリア展望」や「社員との帰属感」に、高い関連が見られた(図表4.8)。

同調査では、内定時より入社後の企業への満足度が上昇したグループと下降したグループを比較すると、上昇したグループは下降したグループよりも「将来のキャリア展望」や「社員の印象と帰属感」の実感が強いという結果が示された。

「現在の勤務先で働くことで、あなたが理想とする将来のキャリアプランを実現できそうですか」という設問には、「十分実現できそう」と回答した者は、企業への満足度が下降したグループは、3.4%だったのに対して、上昇したグループは15.9%と、12.5%の差が見られる(図表4.9)。上昇したグループに関しては、実現できそうかどうかの5段階評価で、4、5を選択したものは、60.8%にのぼっている。

そして、「現在の勤務先の上司や同僚の印象及び職場の雰囲気について、自分に合っているという実感を得られていますか」という設問では、「合っているという実感がある」と回答した者は、企業への満足度が下降したグループは、13.7%だったのに対して、上昇したグループは37.7%と、24.0%の差が見られる。

図表4.8 企業への総合満足度との関連[10]

	勤務先企業への総合満足度	労働条件満足度	能力活用の可能性	社員の印象と帰属感	経営者の印象	将来のキャリア展望	配属先満足度	内定者研修満足度	新入社員研修満足度	卒業校満足度	就活満足度
勤務先企業への総合満足度	1.00	0.63	0.47	0.67	0.55	0.73	0.64	0.26	0.32	0.19	0.65

(出典) マイナビ:「マイナビHR研究レポート」、2020年より一部抜粋

上昇したグループに関しては、合っている実感が 5 段階評価で、4、5 を選択
したものは、82.6％にのぼり、下降したグループの 50.0％と差が大きく開いて
いる（図表 4.10）。

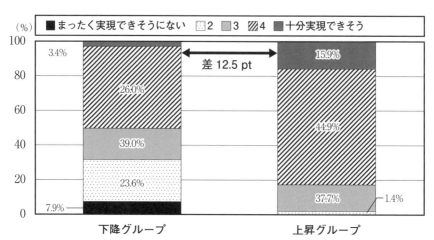

（出典）　マイナビ：「マイナビ HR 研究レポート」、2020 年

図表 4.9　将来のキャリア展望の比較 [10]

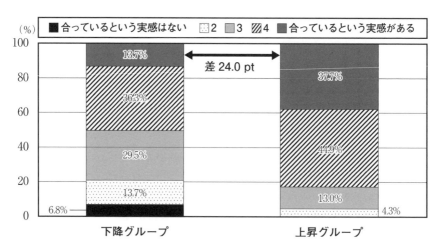

（出典）　マイナビ：「マイナビ HR 研究レポート」、2020 年

図表 4.10　印象と帰属感の比較 [10]

4.4.4 キャリアコンサルティングの有効性

自発的な離職を抑制するには、人的資源管理の観点では、やりがいのある職務の提供やキャリアパスの明確化などが有効[11]である。

前述したように、キャリアコンサルティングは、キャリアコンサルタントが心理的手法を用いクライアントに対して、主に働くことを通して求める内的報酬にフォーカスを当てていく。クライアント(労働者など)の話を聞き、内容の整理をしたうえで、それを展開していく(図表4.11)。

キャリアコンサルティングは、不安を解消することだけでなく、自己の気持ちや考えを理解、整理することを通じて、自身のやるべきことや今後のキャリアの方向性を見出すことにつながるなどの効果が得られている[12]。

平成29年度「能力開発基本調査」[13]によると、キャリアコンサルティングを受けた者の9割以上が「キャリアコンサルティングに役に立った」と回答しており、図表4.12のようにキャリアコンサルティングの有効性が示されている。

4.4.5 キャリアコンサルタントの資格制度

キャリアコンサルティングを行う専門家キャリアコンサルタントは、2016年4月より国家資格となった。キャリアコンサルタントは登録制の名称独占資

(出典) 労働政策研究・研修機構:「労働政策研究報告書」、2015年

図表 4.11 企業内キャリアコンサルティングのプロセス[14]

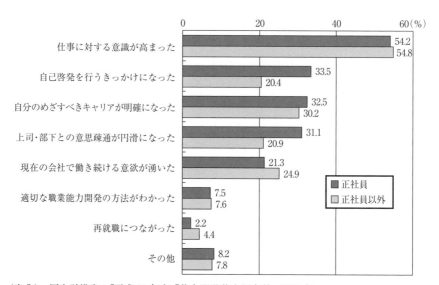

（出典）　厚生労働省：『平成29年度「能力開発基本調査」』、2018年

図表4.12　キャリアコンサルティングが役立ったことの内訳（複数回答）[13]

格とされ、キャリアコンサルタント国家資格は試験に合格し、キャリアコンサルタント名簿に登録することにより「キャリアコンサルタント」として名乗ることができる。キャリアコンサルタントでない人は「キャリアコンサルタント」やそれと紛らわしい名称を名乗ることは禁止されている。

　キャリアコンサルタント試験は、次のいずれかの要件を満たす者が受験可能となる。①厚生労働大臣が認定する講習の課程を修了者　②労働者の職業の選択、職業生活設計又は職業能力開発及び向上のいずれかに関する相談に関し3年以上の経験を有する者　③技能検定キャリアコンサルティング職種の学科試験又は実技試験に合格した者　④2016年3月までに実施されていたキャリア・コンサルタント能力評価試験の受験資格である養成講座を修了した者。

　試験の範囲は図表4.13のとおりで、学科試験と実技試験に分けて実施される。

　キャリアコンサルタントは登録免許制度であり、厚生労働大臣の指定した講習を受講し、最新の知識・技能を身につける5年ごとに更新をする必要がある。

図表 4.13 キャリアコンサルタント試験の試験科目と範囲[15]
(2020(令和2)年度試験から適用)

■ 学科試験
Ⅰ キャリアコンサルティングの社会的意義
　1 社会及び経済の動向並びにキャリア形成支援の必要性の理解
　2 キャリアコンサルティングの役割の理解
Ⅱ キャリアコンサルティングを行うために必要な知識
　1 キャリアに関する理論
　2 カウンセリングに関する理論
　3 職業能力開発(リカレント教育を含む)の知識
　4 企業におけるキャリア形成支援の知識
　5 労働市場の知識
　6 労働政策及び労働関係法令並びに社会保障制度の知識
　7 学校教育制度及びキャリア教育の知識
　8 メンタルヘルスの知識
　9 中高年齢期を展望するライフステージ及び発達課題の知識
　10 人生の転機の知識
　11 個人の多様な特性の知識
Ⅲ キャリアコンサルティングを行うために必要な技能
　1 基本的な技能
　(1) カウンセリングの技能
　(2) グループアプローチの技能
　(3) キャリアシートの作成指導及び活用の技能
　(4) 相談過程全体の進行の管理に関する技能
　2 相談過程において必要な技能
　(1) 相談場面の設定
　　① 物理的な環境の整備
　　② 心理的な親和関係(ラポール)の形成
　　③ キャリア形成及びキャリアコンサルティングに係る理解の促進
　　④ 相談の目標、範囲等の明確化
　(2) 自己理解の支援
　　① 自己理解への支援
　　② アセスメント・スキル
　(3) 仕事の理解の支援
　(4) 自己啓発の支援

　(5) 意思決定の支援
　　① キャリア・プランの作成支援
　　② 具体的な目標設定への支援
　　③ 能力開発に関する支援
　(6) 方策の実行の支援
　　① 相談者に対する動機づけ
　　② 方策の実行のマネジメント
　(7) 新たな仕事への適応の支援
　(8) 相談過程の総括
　　① 適正な時期における相談の終了
　　② 相談過程の評価
Ⅳ キャリアコンサルタントの倫理と行動
　1 キャリア形成及びキャリアコンサルティングに関する教育並びに普及活動
　2 環境への働きかけの認識及び実践
　3 ネットワークの認識及び実践
　(1) ネットワークの重要性の認識及び形成
　(2) 専門機関への紹介及び専門家への照会
　4 自己研鑽及びキャリアコンサルティングに関する指導を受ける必要性の認識
　(1) 自己研鑽
　(2) スーパービジョン
　5 キャリアコンサルタントとしての倫理と姿勢
　(1) 活動範囲・限界の理解
　(2) 守秘義務の遵守
　(3) 倫理規定の厳守
　(4) キャリアコンサルタントとしての姿勢

■ 実技試験
Ⅰ キャリアコンサルティングを行うために必要な技能
　1 基本的技能
　2 相談過程において必要な技能

(出典) キャリアコンサルタント試験の試験科目及びその範囲をもとに筆者作成

4.4.6　キャリアコンサルティング体制整備の動き

　2013年に策定された「アベノミクス日本再興戦略」は、翌2014年6月改訂され、「キャリアコンサルティングの体制整備」が明記された。続いて同年7月に厚生労働省が「キャリアコンサルタント養成計画」を発表した。

　2015年には、キャリアコンサルティング制度を導入し、従業員に実施した事業主に一定額を助成する「企業内人材育成推進助成金」がはじまり、その後、2015年9月に職業能力開発促進法が改正され、事業主が必要に応じて講ずる措置として、「労働者が自ら職業能力の開発及び向上に関する目標を定めることを容易にするために、業務の遂行に必要な技能等の事項に関し、キャリアコンサルティングの機会の確保その他の援助」が追加された。

　そして、2016年4月1日に、キャリアコンサルタント登録制度が創設され、キャリアコンサルタントは国家資格となった。図表4.14のとおり、2025年には、キャリアコンサルタントを10万人に増やすことを目標に計画が発表された[16]。

4.4.7　企業におけるキャリアコンサルティングの機能

　前述のとおり、国家的な推進を受けて、キャリアコンサルタントは増加しつつある（2020年10月末現在キャリアコンサルタント登録者数5万3809人）[17]。その中でも、増加傾向が見られ、現在もっとも多くのキャリアコンサルタントが活動しているのは企業領域においてである（図表4.15）。

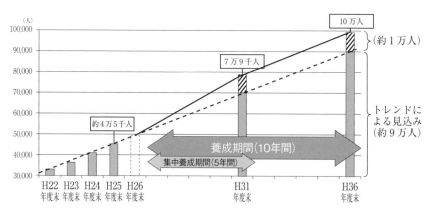

（出典）厚生労働省：「第81回労働政策審議会　職業能力開発分科会資料」、2014年

図表4.14　キャリアコンサルタント養成数の推移[16]

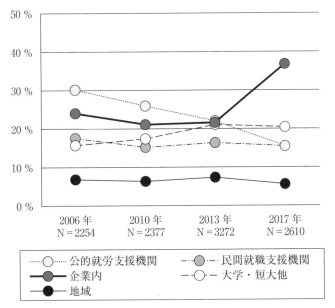

(出典) 労働政策研究・研修機構、2018 年
図表 4.15 キャリアコンサルタントの主な活動の場の変化 [18]

　日本の企業内キャリアコンサルティングの特徴を３つの機能に分けることができる。１つ目は、組織内の人材を引き止め、保持する機能「リテンション機能」、２つ目は、職場内の関係調整(特に上司との対話促進等)に向けて介入支援を行う「関係調整・対話促進機能」、３つ目は、企業内で働く従業員が何らかの理由で自社内で働く意味を見失ったり、何のために働くのかという基本的な価値観に動揺を生じさせた際に、別の角度から意味を見出すことを手助けしたり、価値を考えなおす支援を行ったりする「意味付与・価値提供機能」である[12]。

4.4.8 セルフ・キャリアドック制度とは

　セルフ・キャリアドックとは、定期的なキャリアコンサルティングとキャリア研修などを組み合わせて、従業員のキャリア形成を促進・支援する総合的な仕組みのことである(図表 4.16)。

（1）キャリア研修

集合形式で研修を行うことで、多くの従業員に効率的に
キャリアを考えるきっかけを提供できます。

※グループワークを交えると、より効果的です。

内容　①自身のキャリアの棚卸し
　　　②キャリア目標・アクションプランの作成

（2）キャリアコンサルティング

従業員とキャリアコンサルタントが一対一で面談を行うことで、
個別従業員の課題を整理し、解決を支援していきます。

内容　①働き方で大切にしていること、企業から求められる役割や責任などの確認
　　　②それらを基にしたキャリアビジョン・行動プランを策定

（3）フォローアップ

組織全体で、個別従業員および組織の課題を解決していきます。

内容　①職場（上司など）からの課題解決支援
　　　②改善策を実行した結果を、アンケート等により継続的に振り返る

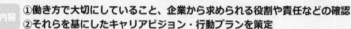

継続的にセルフ・キャリアドックの質を向上させていきましょう

（出典）　厚生労働省：「セルフ・キャリアドックで会社を元気にしましょう！リーフレット版」、
　　　　2018 年

図表 4.16　セルフ・キャリアドックの概略 [19]

キャリアドック構想は「体の健康診断として『人間ドック』の名称が使われるように、雇用主が従業員に対してキャリアの定期健康診断を半ば義務として実施」するとして 2014 年に提唱された[20]。

その後、2015 年改正の職業能力開発促進法において、「事業主がキャリアコンサルティングの機会の確保その他の援助を行うこと」が謳われ、それを受けて、厚生労働省は、セルフ・キャリアドックの導入推進を開始した。

4.4.9　セルフ・キャリアドック導入のメリット

セルフ・キャリアドックを導入する効果には以下のようなものがあげられる。「従業員がキャリアの目標を明確化し、仕事の目的意識を高め、計画的な能力

開発に取り組むことにより、仕事を通じた継続的な成長を促し、働くことの満足度の向上につながる」「企業は、人材の定着や従業員の意識向上が、組織の活性化につながり、生産性の向上への寄与」[21]。

　また、具体的な効果の事例には次のようなものがある。

① 　新卒採用者への仕事への向き合い方やキャリアパスの明示などを通じて、職場への定着や仕事への意欲を高めた

② 　育児・介護休業者の仕事と家庭の両立にかかわる不安を取り除き、課題解決を支援し、職場復帰プランを作成することで、職場復帰を円滑に行う

　キャリアコンサルティング面談のみと、セルフ・キャリアドック(キャリア研修などとキャリアコンサルティング面談を組み合わせたもの)の比較調査[22]では、セルフ・キャリアドックに取り組んだ企業のほうがキャリアコンサルティング面談のみの企業よりも、キャリア支援に関する従業員の満足度が、「キャリア目標の設定」「キャリア形成支援」において高い。また、キャリア支援に関する用紙の整備度に関しても万遍なく高いという結果も得られている。

　セルフ・キャリアドックは、それぞれの企業の方針や抱える課題に合わせた組合せで導入することができる。研修後に、面談、フォローを行うことで、従業員のモチベーション向上だけではなく、その周りを取り囲む上司・部門長の意識の改善や、組織自体の変革につなげられる可能性を持つ。

4.5　第 4 章のまとめ

　人的資源管理は人材をコストや労働力といった面だけで判断するのではなく、経営の重要な要素である人的資源として捉える。そして、従業員が思い描く働き方やキャリアプランを実現に導くと同時に、会社としてめざすべき経営目的の達成を図っていく。

　これからの日本社会では、企業は今までの終身雇用を前提とした画一的なゼネラリスト育成型から、個々人の専門性を高めていく方向に進むと考えられる。これまでの、組織や雇用形態においては、キャリア形成は基本的に企業任せであった。しかし、企業と従業員との関係が変化しつつある現在の日本において、キャリアコンサルティングやセルフ・キャリアドックのような、従業員 1 人ひとりの働きがいやパフォーマンスを高める制度が期待されている。

第 4 章の参考文献

[1]　Bratton, J. & Gold, J.: *Human Resource Management*:*Theory and Practice*(*3rd ed*), Palgrave, 2003.(J・ブラットン、J・ゴールド(著)、　上林憲雄　他(訳):『人的資源管理－理論と実践－第 3 版』、文眞堂、2009 年)

[2]　新保友恵:「保育士が働き続けやすい保育施設の職場環境と組織作りに関する研究：関東地方 8 保育施設の事例調査から」、『21 世紀社会デザイン研究』、18、pp.73-91、2019 年。

[3]　エドガー・H・シャイン(著)、二村敏子・三善勝代(訳):『キャリア・ダイナミクス』、白桃書房、1991 年。

[4]　厚生労働省:「「キャリア形成を支援する労働市場政策研究会」報告書」、2014 年。

[5]　日本経済団体連合会:「Society 5.0 －ともに創造する未来－」、2018 年。

[6]　ダグラス・マグレガー(著)、高橋達男(訳):『企業の人間的側面：統合と自己統制による経営』　産能大学出版部、1970 年。

[7]　ピーター・F・ドラッカー:『現代の経営　下』、ダイヤモンド社、2006 年。

[8]　エン・ジャパン:「『仕事に求めること』について　アンケート集計結果」、2017 年。
　　　https://employment.en-japan.com/enquete/report-36/(2020 年 11 月 2 日確認)

[9]　厚生労働省:「キャリアコンサルティングの流れ」
　　　https://www.mhlw.go.jp/stf/seisakunitsuite/bunya/0000198322.html/
　　　(2020 年 11 月 2 日確認)

[10]　マイナビ:「マイナビ HR 研究レポート　入社半年後の影響分析～配属先への帰属感と将来のキャリア展望の重要性～」、2020 年。
　　　https://www.mynavi.jp/news/2020/11/post_29023.html(2020 年 11 月 2 日最終確認)

[11]　Lee, T. W., & Maurer, S. D.:"The retention of knowledge workers with the unfolding model of voluntary turnover", *Human Resource Management Review*, 7, pp.247-275, 1997.

[12]　厚生労働省:『セルフ・キャリアドック普及拡大加速化事業好事例集』、2020 年。

[13]　厚生労働省:「平成 29 年度　能力開発基本調査」、2018 年。

[14]　労働政策研究・研修機構:「企業内キャリア・コンサルティングとその日本的特質－自由記述調査及びインタビュー調査結果－」、『労働政策研究報告書』、No.171、2015 年。

[15]　日本キャリア開発協会:「キャリアコンサルタント試験の試験科目及びその範囲並びにその細目」、2020 年。
　　　https://www.jcda-careerex.org/files/requirements/66file_15876275291.pdf
　　　(2020 年 11 月 2 日確認)

[16]　厚生労働省:「第 81 回労働政策審議会　職業能力開発分科会資料」、2014 年。

［17］　国家資格キャリアコンサルタント WEB サイト登録センター：「キャリアコンサルタント登録者数 2020 年 10 月末現在」、2020 年。
　　　　https：//careerconsultant.mhlw.go.jp/n/pdf/about/2020 年 10 月末都道府県別登録者数 .pdf(2020 年 11 月 2 日確認)

［18］　労働政策研究・研修機構：「キャリアコンサルタント登録者の活動状況等に関する調査」、『労働政策報告書』No.200、2018 年。

［19］　厚生労働省：「セルフ・キャリアドックで会社を元気にしましょう！リーフレット版」、2018 年。

［20］　厚生労働省：「第 3 回職業能力開発の今後の在り方に関する研究会議事録」、2014 年。

［21］　厚生労働省：「セルフ・キャリアドックで会社を元気にしましょう！パンフレット版」、2018 年。

［22］　厚生労働省：「セルフ・キャリアドッグ導入支援事業 最終報告書(平成 28 年、29 年)」、2018 年。

第5章

ビジネスデザインとメンタルヘルス維持のためのコミュニケーション

5.1　なぜコミュニケーションか

　コミュニケーション（communication）とは、一般に、「人間が互いに意思・感情・思考を伝達し合うこと」と定義される[1]。コミュニケーションは、ビジネスの仕組みを作り出したり日々の業務を行ったりする中で重要な役割を担っている。また、その過程で生じ得るメンタルヘルスの不調とも関連している。

　例えば、コミュニケーションがうまくいかないことによるストレスやストレス解消法としてのコミュニケーションなど、両者のつながりは深い。

　本章では、ビジネスにおいて、いかにコミュニケーションが重要であるか、また、どのように行うことが効果的であるかについて、重要な理論や制度を紹介する。本章を通じて、組織内はもとより、取引先やさらにその外側にある住民とコミュニケーションをとる大切さを感じてもらいたい。

　なお、意思や感情などは、身振りや表情、声の調子など、非言語的な方法によっても伝達される。本章では、主として言語的なコミュニケーションについて言及する。

　ところで、「売り手よし、買い手よし、世間よし」という言葉を聞いたことがあるだろうか。「三方よし」と呼ばれるもので、近江商人の心得として知られる。近江は現在の滋賀県に位置する。売り手が利益を得ることよりも、まずは買い手のことを考え、社会全体のこと思って商売をすることの大切さを「三方よし」は説いている[2]（図表5.1）。この古くからの心得は、経営哲学の1つ

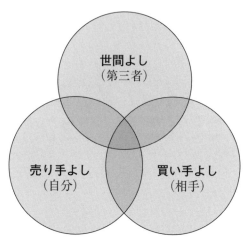

図表 5.1　「三方よし」の構造

として現代の経営や商業のデザインに大きな影響を及ぼし、顧客満足度や社会環境、自然環境を考慮したデザインが発展してきた。コミュニケーションについて考えるに際しても、自己、他者、第三者の要素は重要な観点となる。

　本章では、組織だけでなく顧客や地域を含めた幸福を念頭に置き、自身—相手—第三者の三者関係をベースとしてコミュニケーションのあり方を概説する。

5.2　ビジネスデザインと組織内のコミュニケーション

　組織内のコミュニケーションについて概観するにあたり、ここでは自己＝リーダー、他者＝メンバー、第三者＝組織と当てはめる（図表 5.2）。

　幸福度の高い人は幸福度の低い人よりも成功につながるような行動に励む傾向があることや [3]、幸福度の高い従業員は幸福度の低い従業員よりも生産性が高いという研究結果が示されている [4]。幸せな社員は欠勤せず、離職もせず、メンタルヘルスも良好で休職もせず、労働生産性も高くなると考えられる。

　経営者や管理職、特定の企画のトップといったいわゆるリーダーがメンバーの満足感「メンバーよし」を心がけることで、ひいては組織の利益やリーダーの充足感など「組織よし」「リーダーよし」につながるのである。

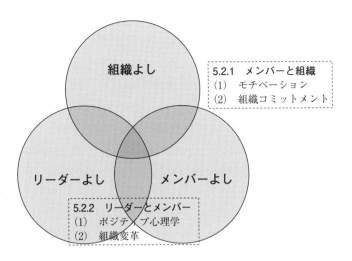

点線部分は5.2節「ビジネスデザインと組織内のコミュニケーション」の構成をさす。

図表5.2　組織内の「三方よし」の構造

5.2.1　メンバーと組織

　ここでは、「メンバーよし」について、「組織」との関係性の観点から重要な概念を紹介する（図5.2内、組織－メンバー間）。

（1）　モチベーション（motivation）

　モチベーションは「動機づけ」ともいい、目標に向かって行動を開始したり、方向付けたりする働きをさす[5]。ハーズバーグ（F. Herzberg）の二要因理論（two-factor theory）やマクレガー（D. M. McGregor）のX理論・Y理論（theory X & theory Y）などを始めとして現在も提唱され、更新され続けているモチベーション理論の中から、アメリカの心理学者マズロー（A. H. Maslow）の説を紹介する。

　マズローは、それまで心や行動に問題を呈している人を対象とした心理学が主流であった中で正常で健康な人間を対象とする視点が重要であると考え、「人間性心理学」を提唱した。マズローは、人のモチベーションについて考え、人は最も高次な欲求である「自己実現」へ向けて成長していくと考えた。マズローによる説は、欲求階層説と呼ばれている（図表5.3）[6]。

　欲求階層説によると、人は食事や排泄など生きるための生理的欲求が満たさ

自己実現の欲求（the need for self-actualization）

承認欲求（the esteem needs）

所属と愛の欲求（the belongingness and love needs）

安全の欲求（the safety needs）

生理的欲求（the physiological needs）

（出典）　Maslow, Abraham Harold.： *Motivation and Personality*, 2nded, Harper & Row, New York, 1970. をもとに筆者作成

図表5.3　マズローの欲求階層説 [6]

れ、安全が確保されてこそより高次な欲求を追求するようになる。

　マズローの理論は、心理学のみならず、経営学や教育学などにおいても広く受け入れられている。組織という点で考えると、所属や承認の欲求が特に強いかかわりを持つ。例えば職場内や取引先との間に居場所があることや（所属）、上司や同僚、取引先から認められるということ（承認）が該当する。生理的欲求、安全の欲求、所属と愛の欲求、承認欲求は「欠乏欲求（deficiency-needs）」とも呼ばれ、欠乏欲求を満たしたことのある人は、後にこれらの欲求が満たされないことが生じても、ある程度耐えることができるとされる。

　欠乏欲求に対して「自己実現の欲求」は自己の可能性を追求し実現しようとすることで、「成長欲求（growth needs）」と呼ばれる。社会的な生き物である人にとって、所属や承認がいかに重要な役割を果たしているかがわかる。マズローの説は現在でもさまざまな研究者によって批判や更新が行われているが、人のモチベーションを考えるうえで重要な役割を果たしている。

(2)　組織コミットメント（organizational commitment）

　組織コミットメントとは、組織への帰属意識を表す [7]。ベッカー（H. S. Becker）のサイドベット理論（side-bet theory）をはじめとする組織コミットメ

ントについての理論の多くは、組織コミットメントを「功利的帰属意識」と「情緒的帰属意識」の二次元で説明している[7]。

人はその組織が自分の投資に見合った報酬を与えてくれる場合に、その組織に所属し続けようとする。これを功利的帰属意識という。

しかし、他によりよい条件の組織があっても、その場に居続けることがある。組織の目標や価値観に対する関心や賛同、組織への信頼などの情緒的なつながりが理由となって組織に居続けようとすることを情緒的帰属意識という。

5.2.2　リーダーとメンバー

メンバーが自分自身の仕事に対してモチベーションを持ったり組織に対する帰属意識を持ったりすること対して、組織をけん引する立場であるリーダーとメンバーとのコミュニケーションが影響する(図5.2内、リーダー－メンバー間)。そして、このコミュニケーションのあり方には、リーダーシップ(leadership)が密接にかかわる。

一般的に、リーダーシップとは「指導者としての職責」「統率力」などと訳される[1]。これまで、「組織の構成員がよりよいパフォーマンスを発揮するためにはリーダーはどのように統率し行動を促していくとよいのか」という観点から、さまざまな理論が打ち立てられている。

1940年代から発展したリーダーシップ理論の1つにリーダーシップ行動論がある。この考え方では、効果的なリーダーと非効果的なリーダーの行動を比較し、効果的な行動をモデル化している。ブレイク(R. R. Blake)とムートン(J. S. Mouton)によるマネジリアル・グリッド理論(managerial grid model)や三隅によるPM理論(PM theory)は現在も重要な考えとして根付いている。

1960年代後半からは、効果的なリーダーシップは組織の置かれた状況によって異なるという考えが生まれてきた。主なものに、フィドラー(F. E. Fiedler)のコンティジェンシー理論(contingency theory)やハウス(R. J. House)らのパス－ゴール理論(path-goal theory)、ハーシー(P. Hersey)とブランチャード(K. H. Blanchard)のSL理論(Situational Leadership theory)がある。

ここでは、さらにその後発展してきたポジティブ心理学と組織変革についての重要な理論を紹介する。これらは、心の不調や変化の大きさが着目される現代においてビジネスをデザインしていこうとする読者にとって、特に意義があ

ると考えられるためである。

（1）　ポジティブ心理学とリーダーシップ

　ポジティブ心理学は心理学者のセリグマン（Martin. E. P. Seligman）によって創設された心理学の一分野である。人の問題行動や心の病気の改善ばかりでなく強みや長所を伸ばすことに焦点を当てるべきであるという考えで、マズロー（A. H. Maslow）らの影響を受けている。ポジティブ心理学からの仕事と人の心の関係についてのモデルの主なものに、職務特性モデル（job characteristics model）とデマンド・コントロールモデル（demand/control model）がある[8]。

①　職務特性モデル（job characteristics model）

　職務特性モデルでは、仕事の特性が心理状態に影響しモチベーションアップという成果につながると考える（図表5.4）。

　単調ではなく自分のスキルを活かせる仕事であること（スキルの多様さ：skill variety）、課題の開始から完結までの全体にかかわれること（仕事の完結性：task identity）、及び重要な仕事であること（仕事の重要性：task significance）がその人自身が職務内容に対する意義を感じることにつながる。そして、自分のやり方で進められるということ（自律性：autonomy）が仕事の

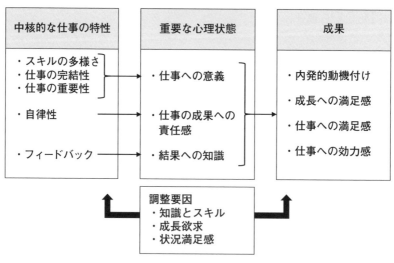

図表5.4　職務特性モデル[8]

成果に対する責任感へ、行った仕事がどうなったのかを知れること(フィードバック:feedback from job)が成した仕事の成果・結果についての知識を生み、それらの心理状態がさらに、「自分がやりたいからやる」という内発的動機づけや満足感、仕事への効力感を生むと考えられている。

ただし、仕事の特性がどれくらいモチベーションに影響するかは、個人の知識やスキル、成長したいという欲求、その状況に満足しているかどうかといった個人の特性によって異なる。モチベーションアップや維持にとって課題のコントロールとフィードバックは特に重要であると考えられており、いわゆる丸投げの仕事の与え方ではなく、部下を信頼し仕事を任せつつも密なやりとりを行うことが重要である。

② デマンド・コントロールモデル(demand/control model)

デマンド・コントロールモデル(図表5.5)では、適度な生産目標などの心理的要求(psychological demand)とペースや方法を自分でコントロールできるなどの裁量の余地(decision latitude)のバランスが幸福をもたらすと考える。

すなわち、心理的要求と裁量の余地が適度に高い「アクティブな仕事」に取り組んでいる人は、期待されているという自信や期待に応えようとしてより主体的に学習することを通じ、低緊張・低ストレスとなる。そこに同僚との信頼関係があると、グループで取り組んでいる仕事に対するモチベーションや組織

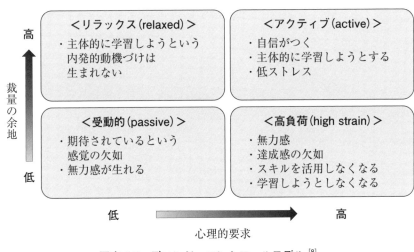

図表 5.5 デマンド・コントロールモデル [8]

へのコミットメントがさらに促進される。

　一方、心理的要求が低く裁量の余地が高い仕事を「リラックスした仕事」といい、こうした仕事を担う人からは自ら主体的に学習しスキルアップしようとする内発的動機づけは生まれにくい。心理的要求が高く裁量の余地が小さい「高負荷な仕事」では、無力感が生まれ、達成感はなく、スキルを活用したりよりスキルアップしようとしたりしなくなる。心理的要求と裁量の余地がともに低い「受動的な仕事」では、期待されているという感覚が持てず、高負荷な仕事と同様に、無力感が生まれやすい。

（2）　組織変革とリーダーシップ

　コッター（J. P. Kotter）が1996年にまとめた組織変革を行う際の8段階モデルは、組織における変革型リーダーシップ（transformational leadership）のあり方として広く知られてきた。コッターは2014年、それをさらに発展させた（図表5.6）[9]。この8段階の過程をコッターは加速装置（accelerator）と呼び、加速装置が動くことで大きな機会を生み出すと考えた。

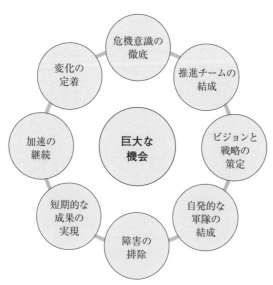

図表5.6　組織変革の8段階モデル [9]

① 第1段階　危機意識の徹底(create a sense of urgency)

まずは関係者全体が危機感や切迫感を共有し、そしてそれを持続させることが重要である。その変革が緊急性の高い課題であること理解してもらうだけでなく、その変革がどのような利益をもたらすのかも示す必要がある。

② 第2段階　推進チームの結成(build a guiding coalition)

変革の担い手となる少数精鋭の推進チームを築く。推進チームのリーダーシップが不十分であると変革はうまくいかない。推進チームの構成にあたっては、チームメンバーのダイバーシティが重要な効果を持つ。つまり、職位や職能、地理的な位置、在職期間、ジェンダー、考え方などの点で多様な人材が含まれるとよい。

③ 第3段階　ビジョンと戦略の策定(form a strategic vision and initiatives)

変革のビジョンが見えないと、変革はうまくいかない。変革についてのビジョンを形成し、詳細で具体的な活動を計画する。また、最終目標へ向けての中間目標も立てておく。計画の根拠となるデータを示すだけでなく、計画を聞いた推進チーム以外のメンバーがどのように感じるかまで考える必要がある。そのようにして、メンバー全体のモチベーションが高まるようにする。

④ 第4段階　自発的な軍隊の結成(enlist a volunteer army)

変革を実行するための実働部隊を結成する。組織内のコミュニケーションが不足していると変革はうまくいかない。メンバーがその必要性を理解するだけでなく、自ずから「やりたい」と思えることが重要である。

推進チームは、方法と戦略についてより広く組織に伝達し、また、実働部隊のメンバーの功績を認識する必要がある。努力や功績を認めてもらえるということがモチベーションの維持につながる。

⑤ 第5段階　障害の排除(enable action by removing barriers)

目標達成の障害となるものを放置していると、変革は頓挫しかねない。過去の取り組みがいつどの段階でなぜ失敗したのか、変革の途中で減速したのかそれとも完成した後に何も行わなくなったのか。それらを振り返り、今回の変革の障害となり得るものを取り除く必要がある。

例えば、サイロ型組織(部門間のコミュニケーションがなく互いに孤立している状態の組織)、思考の狭さ、目標値達成への圧力、自己満足、古いルールや手続き、重要な関係者やリーダーとかかわりにくいことなどがあげられる。

⑥　第6段階　短期的な成果の実現 (generate short-term wins)

　最終目標へ向けての成功が見えないと、変革はうまくいきにくい。成功はやる気を持続させ、最終目標達成のために重要である。

　ここでの成功は小さくても構わない。小さく具体的な成功を集め、それを認める。また、組織の構成員だけでなく、別のチームや顧客などの他者にとっても成功は意味がある。

⑦　第7段階　加速の継続 (sustain acceleration)

　第6段階のように短期的な成功は重要であるが、この際に目標を見失いがちになるため、気を抜かず変革を加速させていく必要がある。改めて計画を見直し、場合によっては自発的な軍隊(第4段階)を拡大していくとよい。新たなメンバーの新鮮な視点から計画を見てもらうことで、新たに障害が見つかることもある。

⑧　第8段階　変化の定着 (institute change)

　組織文化として、変化を深く根付かせる。変革がどのように組織の成功につながるのかを明確にし、変化というものが組織全体で受け入れられるよう継続的に努力する必要がある。そうすることで、新たな戦略への取り組みが容易になり、機敏な組織を作れるようになるのである。

5.3　ビジネスデザインと組織外とのコミュニケーション

　ここまで組織内のコミュニケーションについて検討してきた。組織内外の「三方よし」を図示すると図表 5.7 のように表現できる。リーダー、メンバー、組織の幸せはさらに顧客や地域に拡大され、本来の「三方よし」の構造になる。

　顧客や地域を巻き込んだ全体の幸福をふまえてビジネスをデザインする場合、顧客や地域住民のことを知り、また自分たちのことを知ってもらう必要がある。人の意思決定や行動は経験の影響を受け、なかなか最適解に至りにくい。自分自身の所属する組織や顧客、地域住民の利益を考えるうえでとりわけ重要な落とし穴と解決法を紹介する。

5.3.1　意思決定の偏り

　正確な情報や数値を知ることは、人が生活をするうえで有益である。私たち

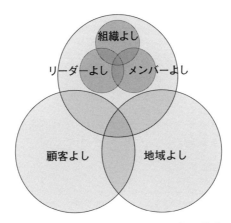

図表 5.7　組織内外の「三方よし」の構造

が合理的に思考・選択・行動する生き物であれば、私たちは正確な情報から必ず「妥当な」選択をするだろう。

　しかし、私たちは必ずしも経済的合理性や確率計算等に沿った選択をするとは限らない。情報と意思決定や行動との間に、人の心が影響しているためである。トベルスキー（A. Tversky）やカーネマン（D. Kahneman）は、「ひと」がいかに非合理的な生き物であるかということを学術的に示している。

（1）　ヒューリスティクス（heuristics）

　判断や記憶といった私たちの認知処理は、経験や直感、感情などの影響を受けて偏ったものになり得る。この偏りをもたらすものの１つにヒューリスティクスがあげられる[10]。

　私たちが何かを買ったり人を採用したりといった意思決定をするとき、それに関する他のすべての商品や人物の詳細や評判についての知識を収集し分析的に比較して決定することは、能力的にも時間的にも不可能である。そのため、私たちはしばしば思考のショートカットをする。ヒューリスティクスとは、私たちが意思決定をする際に主として経験則にもとづいて用いる、「必ず正解にたどり着くわけではないにしても大抵は正解を得られ、簡単に利用可能な、近道として使える手段」のことをさす[5]。ヒューリスティック（heuristic）は総称してヒューリスティクス（heuristics）と呼ばれる。

(2)　ヒューリスティックの種類

　トベルスキーとカーネマンは、「代表性ヒューリスティック」「利用可能性ヒューリスティック」「係留と調整ヒューリスティック」の3種類のヒューリスティックがあるとした [10]。また、その後、「感情ヒューリスティック」が発見されている [11]。

　①　**代表性ヒューリスティック (representative heuristic)**

　そのカテゴリーの典型例と思われるもの、すなわちステレオタイプを判断の基準とする傾向をさす。

　例えば、アイロンのかけられたシャツ、整った髪型、磨かれた靴を身に付け、正しい敬語の使える営業担当は信頼されやすいということが当てはまる。これは、「能力のある営業担当」というものへのステレオタイプが働いている。

　②　**利用可能性ヒューリスティック (availability heuristic)**

　個人的に経験したことやインパクトの強いできごとなど、思い浮かびやすい事柄を判断の基準として用いる傾向をさす。

　例えば、取引先の担当が自分の話だけをしてこちらのニーズを理解してくれそうにないという経験が印象的であったとき、その後の取引先の選択時にその会社を候補から除外するよう進言するなどが当てはまる。

　③　**係留と調整ヒューリスティック (anchoring and adjustment)**

　何らかの推測を行う際、最初に与えられた情報や数値が基準(係留点)となり、その基準をもとに新たな情報を加えながら調整を繰り返し、最終的な判断を行う。多くの場合、調整は不十分で、係留点に偏った判断になりやすいという傾向をさす。つまり、最初に与えられる値が異なれば最終的な判断も異なるということになる。

　例えば、図表5.8のように割引前と割引後が記載されている場合とそうでない場合、販売額が同じであるにもかかわらず、割引前の金額が記載されている方が購買行動につながりやすい。

　④　**感情ヒューリスティック (affect heuristic)**

　自分自身の感情にもとづいて判断をする傾向をいう。

　例えば、商品や取引先への印象を答えるとき、よく考えた回答ではなくそのときの気分で回答する場合などが当てはまる。

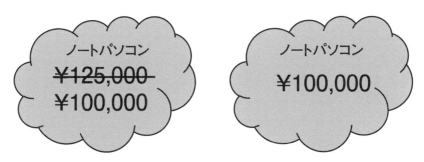

左のポップは割引前と販売額が明示されており、右のポップは販売額のみ記載されている。

図表 5.8　係留と調整ヒューリスティックの一例

（3）　ヒューリスティクスのデメリットを避ける

　ヒューリスティクスは、経営戦略や対人関係などにおいて、うまく活用することが可能である。一方、相手や自分の思考の偏りに気づかずに意思決定や行動をすることで、不適切な判断や新たな取引機会の損失など、デメリットにもつながり得る。

　ヒューリスティクスは、情報が少ないときに短時間で決断できるという点にメリットがあり、それがまたデメリットにもつながり得る。自分の考えを他者に説明して意見を聞く、「私のこの判断の根拠は？」「もしかしたら間違っているのでは？」と自分の判断が誤っている可能性を考えてみる、多種多様な考えをもった人たちで構成されたグループで考え決定するといった方法は、認知の偏りによるデメリットを防ぐために役に立つ[12]。

　相手が他の人たちと相談し、必要な情報にアクセスでき、よく考える時間を設けることで、相手も納得したビジネスが可能となる。それが、一度だけの取引に終わらない、継続的な関係性の構築につながっていく。

5.3.2　現代社会と信頼（trust）

　物品やサービスの売り買いや手助けの仕合いといった何らかの交換を行う場面で、かつ騙されては困るという状態を想像してほしい。「相手は高く売りつけようとしているのではないか」「自分ばかり楽をしようとしているのではないか」などという相手の意図を判断する必要があるものの相手の意図を判断するための情報が不足しているとき、これを「社会的不確実性の存在している状

態」という[13]。

　社会的不確実性を低くし円滑な取引を行うためには、特定の相手と安定した関係を築けばよい。しかし、山岸・小見山[13]は、国際化や人口構成の変化によって流動性が大きくなった現代においてはこうした安定した関係の維持が困難であることを指摘し、閉ざされ安定した関係での「安心」や相手の能力に対する期待、相手の自己利益の評価にもとづく相手の意図に対する期待(例：「自分を騙すことで相手に不利益が生じるから相手は自分を騙さないだろう」)ではなく、より広い、他者一般・人間性一般への「信頼」を重視している。

　特定の関係を離れ新たな関係を築くことは、相手の行動や意図を読むことが困難であるために騙されて損をするなどのリスクを伴うが、よりよい取引を生む可能性を秘めている。たとえ失敗をしても、その経験を教訓として新たな他者との協力関係を築く努力を行うことで、次第に相手の意図をうまく検知することができるようになっていく[13]。

　とはいえ、騙される危険性が高い世の中では新たな関係性の構築に一歩足を踏み出しにくい。流動性の大きい現代においては、新たな出会いの中で互いに信頼し合えるような社会を作ることが相互の利益を大きくする。そして、それは「売り手」と「買い手」だけが満足するのではなく、地域からも信頼される関係性であるべきだろう。

　例えば、「買い手」の期待する低コストの商品の生産は、「売り手」と「買い手」の間では満足がいき、「信頼に応える行動をしてくれる」と、信頼関係を結べるかもしれない。しかし、もしかするとそれが地域の下請け企業を圧迫しているかもしれない。視野を広げ、地域とのコミュニケーションを図り情報収集をすることも重要である。

5.4　メンタルヘルスとコミュニケーション

　円滑なコミュニケーションの取れる環境は、それ自体がメンタルヘルスの予防として機能する。しかし、それでも、いつ何どきメンタルヘルスの不調が生じるかわからない。組織内でのやりとりがうまくいっていても、身体の病や家庭内の問題、友人関係、恋愛関係、災害、事故など、他にも人の心に影響する問題はある。

　職場内外のできごとは、得てして互いに影響しあうものである。心身の不調はそれ自身が辛いものであるうえ、仕事でのミスや欠勤などによる企業側の損失や休職に伴う収入の減少など、経済的な損失もある。そのため、メンタルヘルスの不調に対する早期発見、早期対処は非常に重要な課題である。

5.4.1　メンタルヘルスの不調の種類

　まず、メンタルヘルスの不調にかかわる「ストレス」の概念について解説した後、主要なメンタルヘルスの不調を紹介する。

（1）　ストレスと仕事

　ストレスは「外界からの刺激によって生じる生体の非特異的反応」と定義される [14]。ストレスは生き物が生き残るうえでとても重要な働きをしている。危機に瀕したとき、私たちの身体はすぐに行動できるように準備される。筋肉が緊張し、心拍数が上がり、呼吸数が増える。気道を確保するために唾液や粘膜が乾き、口の中が乾く。血液も、出血の量を減らすために血管が縮まったり、感染症を防ぐために白血球が増えたりと変化する。脅威に対するこの反応を「闘争＝逃走反応(fight-or-flight response)」といい、脅威が去ればおさまる [15]。ところが、脅威が持続すると、ストレスに対する反応は収まることなく、身体面や精神面の不調につながりやすくなる。

（2）　主な心の不調

　心の不調については、科学的な根拠や症状の分類などから、分類や診断基準が設けられている。主要なものに「精神障害の診断と統計マニュアル(Diagnostic and Statistical Manual of Mental Disorders：DSM)」と「疾病及び関連保健問題の国際統計分類(International Statistical Classification of Diseases and Related Health Problems：ICD)」がある。

　DSM はアメリカ精神医学会(American Psychiatric Association：APA)による精神障害を分類するための基準である。DSM 初版の刊行は 1952 年であり、2021 年現在の最新版は 2013 年公開の第 5 版(DSM-5)である。ICD は世界保健機関(World Health Organization：WHO)が死因や疾病の国際的な統計基準として公表している分類である。ICD 初版の制定は 1900 年であり、2021 年現在

の最新版は 2019 年に世界保健総会で承認された第 11 版（ICD-11）である。

以下、DSM-5 [16] を参考に、主要な心の不調を紹介する。

① うつ病（major depressive disorder）

うつ病は、抑うつ気分や興味・喜びの喪失といった気分の変調を特徴とする心の不調である。不眠や過眠、体重の変化、疲れやすさなどの身体的な変化や、無価値観や罪悪感、また、集中力や思考力、決断力が下がるなどの認知的な変化もみられる。うつ病は自殺につながる危険性のある病である。

② 社交不安症（social anxiety disorder）

不安症は、過度な恐怖と不安、そしてそれらを生じさせる対象を回避しようとする行動を特徴とする。不安症のうち、雑談や飲食、人前で話をするといった社交場面への強い恐怖や不安を感じたり、そうした場面を避けようとしたりするものを社交不安症という。

③ 強迫症（obsessive-compulsive disorder）

強迫観念と強迫行為の片方または両方が生じる。強迫観念とは、本人の意思とは関係なくある考えが繰り返し生じるもので、不安や苦痛につながることが多い。強迫行為は、手を洗うなどの行動や祈るなどの心の中の行動を繰り返し行うことをさす。こうした思考や行動にとらわれ、仕事や日常生活に支障が生じることがある。

④ 統合失調症（schizophrenia）

統合失調症は、妄想や幻覚、まとまりのない発語や行動、感情の平板化などを特徴とする精神疾患である。幻覚や幻聴があれば統合失調症かというと、必ずしもそうではない。環境の変化やストレスで妄想や幻覚が生じることがあり、多くの場合は自然とそうした経験をしなくなっていく。長期的に持続する場合は、診断を受け、適切な治療を受ける必要が出てくることがある。

⑤ PTSD（Post-Traumatic Stress Disorder）

PTSD は、自身が死の危険に瀕する、重傷を負うなどの体験をする、他人に起こったできごとを目撃するといった心的外傷を負うようなできごとを経験した後に生じる心理的な苦痛である。心的外傷的できごとが再び起こっているように感じる（再体験）、心的外傷的できごとを思い出させるような場所や会話などを避けようと努力する（回避）、恐怖や怒り、罪悪感などの陰性の感情状態が継続する（陰性の認知と気分）、自己破壊的な行動や過度の警戒心（過覚醒）とい

った、感情や思考、認知、行動などの変化が見られる。

⑥ **神経性やせ症**(anorexia nervosa)／**神経性過食症**(bulimia nervosa)

これらは摂食障害の１つである。神経性やせ症のある人は、典型的には、明らかに痩せていてもそれを異常と思わず、さらに痩せるための食事制限をする。神経性過食症のある人では、一般の人より明らかに多い食べ物を食べ、嘔吐や下剤によって体重増加を防ごうとする。きっかけはさまざまで、はっきりとした原因は解明されていない。過度な食事制限の結果として、産毛が濃くなる、筋力の低下、貧血、肝機能異常、骨粗しょう症などの身体の問題が生じてくる。最悪の場合は死に至ることもあり、心理療法と身体の治療の両方が必要となる。

⑦ **神経発達症**(neurodevelopmental disorders)

神経発達症は発達早期からみられるもので、これ自身はストレスから生じるものではない。しかし、学業や就業上のトラブル、不安症やうつ病につながることがあるため、配慮を要する。ここでは、神経発達症のうち、我が国の「発達障害者支援法」の支援対象として含まれる自閉スペクトラム症、注意欠如・多動症、限局性学習症を紹介する。

1) **自閉スペクトラム症**(autism spectrum disorder)：社会的コミュニケーションや対人的相互反応、行動・興味・活動の限定された反復的な様式を特徴とする。例えば、言葉の裏や表情や空気などを読むことが苦手である、興味関心の幅が極端に限定されている、柔軟に変化に対応することが難しいなどがあげられる。

2) **注意欠如・多動症**(attention-deficit/hyperactivity disorder)：不注意(例：仕事を最後までやり遂げられない、必要なものをよく失くす、話を聞いていないように見える)や多動性 – 衝動性(例：落ち着きがない、自分の順番を待つことが苦手である)を特徴とする。

3) **限局性学習症**(specific learning disorder)：読み書きや計算、数の概念的な理解など、特定の領域における学習困難を特徴とする。

5.4.2 予防と対応

メンタルヘルス不調の予防やメンタルヘルス不調を生じた際の対応はどのようにすればよいのだろうか。我が国においては、労働者の安全や健康のため、厚生労働省がさまざまな調査や政策を行っている。

(1)　予防

①　日々のコミュニケーション

『平成 30 年　労働安全衛生調査』[17] によると、現在の仕事や職業生活に関することで、強いストレスとなっていると感じる事柄があるという労働者の割合は、58％にのぼる。ストレスとなっている事柄の上位 3 件は、(1)仕事の質・量、(2)仕事の失敗、責任の発生など、(3)対人関係(セクハラ、パワハラ含む)となっている。ストレスについて相談できる相手としては、家族・友人が最も多く、2 番目に上司・同僚があげられており、日々顔を合わせるような身近な人たちとのコミュニケーションが問題の改善に重要であることがわかる。

②　ストレスチェック

改正労働安全衛生法(2014 年 6 月 25 日公布、2015 年 12 月 1 日施行)により、職場のメンタルヘルス対策の取組みとしてストレスチェック制度が導入された[18]。これは労働者数 50 人以上の事業者では、年に 1 回、すべての労働者に対して実施することが義務付けられている。ストレスチェックの主な目的は、メンタルヘルス不調の未然の防止(一次予防)である。

経営者や管理職が労働者のストレス状況をチェックし、それだけに留まらず、結果を労働者にフィードバックすることで労働者自身による自分の状態への気づきを促し、労働者のメンタルヘルス不調の予防へつなげていくのである。事業者にはストレスチェックの実施が義務づけられているが、労働者側には回答は義務づけられていない。しかし、ストレスチェックによる自己理解を促すためにも全員が回答することが望ましい。誰もが安心して回答できるよう、個人情報が保護されることや高ストレスであっても人事評価には影響しないことなど、実施の意図や情報の取り扱いについて明確に伝えておく必要がある。ストレスチェックは，ストレスに関する質問紙を使用し、労働者に回答を求める形で行なわれる。質問紙は特に指定はされていないが、(1)ストレスの原因に関する質問項目、(2)ストレスによる心身の自覚症状に関する質問項目、(3)労働者に対する周囲のサポートに関する質問項目の 3 種が含まれている必要がある。

③　ストレスマネジメント

ストレスがかかったときの対処法をストレスコーピング、ストレスにどう対処しストレスと付き合っていくかを考えることをストレスマネジメントという。ストレスコーピングには、生活習慣を整えること、ものの見方を変えること、

リラクゼーションなどさまざまな方法がある。自分がどのようなことにストレスを感じやすく、どのような対処法が向いているのかを考えておくことで、いざストレスが生じた際にうまくストレスと付き合っていくことができるようになる。

(2)　早期発見と対応

①　早期発見

メンタルヘルス不調を発見したあとの適切な対応を「二次予防」という。メンタルヘルスの不調は自殺にまでつながることがある。自殺の動機は多様であり（図表 5.9）、またその多くはさまざまな要因が絡み合って生じている[19]。健康の問題にはうつ病などメンタルヘルスの不調も含まれ、男女問題や家庭問題と勤務問題、メンタルヘルスの問題が複合して生じることもある。

自殺の予防のためには、まずは「普段とは違う様子」に気づくことが重要である。判断力や思考力、集中力の低下といった認知的な能力の変化、自己効力感の低下や不安、希死念慮などの思考の内容や感情面の変化、遅刻が多い、ミスが多いなどの行動面の変化など、それまでと違う様子はメンタルヘルス不調のサインである可能性がある。

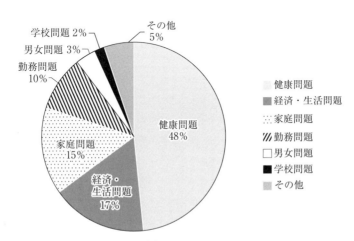

（出典）　厚生労働省・警察庁[19]を参考に作成。

図表 5.9　2019 年原因・動機別自殺者数

② 対応

1) **受容・傾聴・共感**：普段と違う様子に気づいたときは、話を聞いてみることが重要な第一歩になる。話を聞くとき、すぐに「君ならできるよ」と励ましに入ったり、「自殺はダメだ」と止めにかかったりしやすいのではないだろうか。それでは、自分の辛さが理解されていないという意識が生じてしまい、話は深まらずに終わる可能性がある。

　もちろん、自殺をしてよいというようなメッセージを伝えてはいけない。重要なのは、その人の話を受容的に傾聴し「理解しようとする」ということである。それだけ辛い状況にあるといことに共感し、それを言葉や態度で返していく。それが、メンタルヘルス不調を抱えている本人との信頼関係を構築し、上司や同僚など周囲のサポートを得つつ、メンタルヘルス不調につながっている問題の解決を図るための土壌となる。

2) **協力体制**：メンタルヘルスの不調が起きていそうだと思われる人を発見し対処を考えるとき、周囲との協力体制を作ることは重要である。特に、上司にあたる人がメンタルヘルス不調を抱えた部下について全責任を持とうとすると、サポートしようとする上司もまたストレスを抱え、メンタルヘルス不調になる恐れもある。自己判断で不用意に精神科の受診を勧めた結果、上司ー部下間の関係が悪化する可能性もある。

　もちろん、プライバシーを守る必要はあり、そこかしこで言いふらすような行為は論外である。まずは専門家の助言を得ながら具体的な対応策を考えていくことが有益である。

(3) 休業と復職

　休業することになった場合の手順について、「心の健康問題により休業した労働者の職場復帰支援の手引き」[20]を参考に概観する（図表5.10）。

① **第1段階　休業開始〜休業中**

　就業が困難であると医師が判断する場合、休業をする当人が主治医による病気休業診断書を管理監督者に提出し、休業が始まる。事業者は、経済的な保障や職場復帰にあたっての支援などを説明し、休業するにあたっての不安を払拭し、休業する人がメンタルヘルスのケアに専念できるようにする。なお、ここでいう管理監督者とは「監督若しくは管理の地位にある者」（労働基準法第41

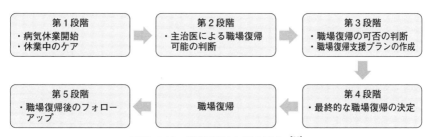

図表 5.10　職場復帰支援の流れ [20]

条2号)をさす。

② **第2段階　復職するかどうか**

病状は良くなったり悪くなったりを繰り返しながら、徐々に復帰が可能な状態に近づいていく。休業中の本人から事業者へ職場復帰の意思が伝えられると、事業者は主治医に診断書の提出を求める。このとき、主治医に業務に必要な能力(例:対人コミュニケーション能力が必要である、単純な作業だが速さと正確さを要する)を伝えたうえで判断を仰ぐことが有益である。

③ **第3段階　復職準備(1)最終決定前**

復職後に再発することも多い [21]。スムーズに復職をし、かつ再発を防ぐため、具体的な職場復帰の計画を立てる。この計画には、復帰する日や復帰先の職場、就業上の必要な配慮、本人が責任を持って行うべき事項などが含まれる。計画は、事業者だけで作成するのではなく、産業保健スタッフや休職中である当人との間でよく話し合って決めていく必要がある。

④ **第4段階　復職準備(2)最終決定段階**

改めて病状を確認し、事業者は最終決定を行う。復帰が確定したら、配慮事項を含め、職場復帰の内容を休業中の当人に伝える。また、復帰後の支援を行いやすくするため、復帰の情報が休職中の当人を通じて主治医へ伝わるようにする。

⑤ **第5段階　職場復帰後**

管理監督者や産業保健スタッフは、勤務状況や業務遂行能力などを確認したり主治医から病状を聞いたりと連携を取り合い、必要に応じて職場復帰支援プランを修正していく。職場復帰後のフォローアップは、再発防止にとって非常に重要である。

5.5　コミュニケーションと思いやりを

　第 5 章では、ビジネスのデザインについてコミュニケーションとメンタルヘルスの観点から解説し、日常的な業務とメンタルヘルス不調への対応のいずれにおいてもコミュニケーションが重要であるという点を伝えた。上司、部下、または単一組織のみの利益を追求せず互いのことを考えることが組織内外、ひいては社会全体の利益につながる。また、そうした相手を思いやる関係性が組織構成員のメンタルヘルス維持や幸福にもつながるのである。

第 5 章の参考文献

[1]　松村明(編)：『大辞林第三版』、三省堂、2006 年。

[2]　サンライズ出版編集部(編)：『近江商人に学ぶ』、サンライズ出版、2003 年。

[3]　Lyubomirsky, S., King, L., & Diener, E.："The Benefits of Frequent Positive Affect: Does Happiness Lead to Success?", *Psychol Bull*, 131, 6, pp.803–855, 2005.

[4]　Oswald, A. J., Proto, E., & Sgroi, D.："Happiness and Productivity." J Labor Econ 33. 4, pp.789–822, 2005.

[5]　Atkinson, Rita L., Richard C. Atkinson, Edward E. Smith, Daryl J. Bem, and Susan Nolen-Hoeksema：Hilgard's Introduction to Psychology. 13th ed. Fort Worth: Harcourt College Publishers, 2000.
（リタ・L・アトキンソン他. 内田一成(監訳)：『ヒルガードの心理学　第 13 版』、ブレーン出版、2002 年）。

[6]　Maslow, Abraham Harold.：*Motivation and Personality*, Harper & Row. 2nd ed. New York, 1970.

[7]　高木浩人：「第 2 章 組織コミットメントとは何か：概念と方法」、田尾雅夫(編著)『「会社人間」の研究：組織コミットメントの理論と実際』、京都大学学術出版会、pp.14–39、1997 年。

[8]　Turner, Nick, Julian Barling, and Anthea Zacharatos："Positive Psychology at Work.", *Handbook of Positive Psychology*, edited by Charles R. Snyder and Shane J. Lopez, 1st ed., pp.715–728, New York: Oxford University Press, 2002.

[9]　Kotter, John P. Accelerate. Boston：Harvard Business Review Press, 2014.

[10]　Tversky, A., and D. Kahneman："Judgment under Uncertainty：Heuristics and Biases." Science 185, 4157, pp.1124–1131, 1974.

[11]　Slovic, P., Finucane, M. L., Peters, E., & MacGregor, D. G. "The Affect Heuristic.", *Eur J Oper Res* 177, 3, pp.1333–1352, 2007.

［12］ Larrick, Richard P. "Debiasing.", *Blackwell Handbook of Judgment and Decision Making*, edited by Derek J. Koehler and Nigel Harvey, 1st ed., 316–338. Oxford: Blackwell Publishing, 2004.

［13］ 山岸俊男、小見山尚：「信頼の意味と構造—信頼とコミットメント関係に関する理論的・実証的研究」、『INSS Journal』、2、1-59、1995 年。

［14］ Selye, H. "The general adaptation syndrome and the diseases of adaptation." J Clin Endocrinol Metab 6, pp.117–230, 1946.

［15］ Cannon, W.：*Bodily changes in pain, hunger, fear, and rage*. New York：Appleton, 1929.

［16］ American Psychiatric Association：*Diagnostic and Statistical Manual of Mental Disorders: DSM-5*, Washington, DC：American Psychiatric Publishing, 2013.
（アメリカ精神医学会．日本精神神経学会(監修)：『DSM-5 精神疾患の診断・統計マニュアル』, 医学書院, 2014）。

［17］ 厚生労働省政策統括官付参事官付賃金福祉統計室：「労働者調査」、『平成 30 年　労働安全衛生調査(実態調査)　結果の概況』、2019 年。<https://www.mhlw.go.jp/toukei/list/h30-46-50b.html>(2020 年 8 月 28 日参照)

［18］ 厚生労働省労働基準局安全衛生部労働衛生課産業保健支援室：「労働安全衛生法にもとづくストレスチェック制度実施マニュアル」、2019. 年。<https://stresscheck.mhlw.go.jp/material.html>(2020 年 8 月 28 日参照)

［19］ 厚生労働省自殺対策推進室・警察庁生活安全局生活安全企画課：「令和元年中における自殺の状況」、2020 年。http://www.npa.go.jp/publications/statistics/safetylife/jisatsu.html(2020 年 8 月 28 日参照)

［20］ 厚生労働省・独立行政法人労働者健康安全機構：「心の健康問題により休業した労働者の職場復帰支援の手引き～メンタルヘルス対策における職場復帰支援～」、2019 年。https://www.mhlw.go.jp/stf/seisakunitsuite/bunya/0000055195_00005.html(2020 年 8 月 28 日参照)

［21］ Endo, M., Haruyama, Y., Muto, T., Yuhara, M., Asada, K., & Kato, R.："Recurrence of Sickness Absence Due to Depression after Returning to Work at a Japanese IT Company", *Ind Health 51*, 2, pp.165–171, 2013.

第6章

管理会計を活用した
中小企業の価値創造

6.1 会計分野の概要と管理会計の位置づけ

　企業は、営利を目的とした経済活動を行っている。企業が事業活動を行うときに利害関係者とのかかわりは重要である。利害関係者とは、その企業と直接的または間接的に利害関係を有する相手先であるが、具体的には顧客などの取引先、経営者自身や従業員、投資家や金融機関などが含まれる（図表6.1）。株主の存在がなければ株式会社は成立しない。労働力が必要なときに従業員がいなければ企業の事業活動は苦しくなってしまう。

　これらの利害関係者がその企業と利害関係を持とうとするのはなぜであろうか。それは利害関係者も企業と利害関係を持つことにメリットを感じるからであろう。金融機関であれば、貸し付けたお金が返済期日に利息と合わせ正常に返済される。取引先であれば、安心して取引ができるという安心感も重要といえる。利害関係者が企業と利害関係を持つとき、その企業がどのような企業なのかよく調べてから利害関係を持つだろう。企業から提供される会計情報が1つの判断材料とされている。すなわち、会計情報は、企業が事業活動を行うために非常に重要な位置づけにある。

　企業では、日々の事業活動を会計帳簿に記録し、決算書の作成を行っている。この一連の流れが会計である。企業が行う企業会計の種類として「財務会計」と「管理会計」がある（図表6.2）。

　財務会計は取引先や投資家、金融機関などの企業外部の利害関係者に会計情

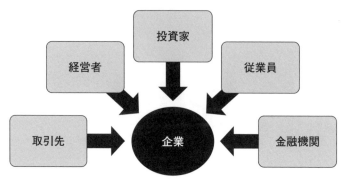

図表 6.1　企業と利害関係者

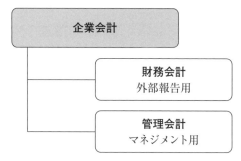

図表 6.2　企業会計の種類

報を提供するための会計であり、外部報告用の会計である。一方、管理会計は主に経営者自身が会計情報を分析し、自身の経営の方向性は間違っていなかったか、また今後の経営戦略を策定するための指標とするものであり、マネジメント用の会計である。2つの企業会計において外部報告用かマネジメント用の違いのほか、会計のルールとの関係も重要である。

　財務会計は会計のルール（金融商品取引法、会社法、各種会計基準など）との関係が重要であるが、管理会計は会計のルールとの関係はあまり重要とはいえない。これは、財務会計は企業外部の利害関係者が利用するものであるため、他社との比較可能性が重要である。すべての企業が共通の会計のルールで会計情報が作成されないと比較可能性が担保されなくなってしまうためである。これに対して管理会計は、経営者自身が会計情報を経営に活かすためのものであ

るため、活かし方は千差万別となり数値の集計方法や書式様式などの厳密なルールは不要となる。

第6章では、管理会計の考え方、いかに会計情報を経営に活かすのかを説明する。

6.2 会計の基本

まずは、会計を学ぶうえで基本となる決算書について説明をする。決算書の中でも特に「貸借対照表」と「損益計算書」が重要である。以下、この2つの決算書について詳しく説明する。

6.2.1 貸借対照表

貸借対照表は、企業の一定時点における財政状態を示すもので、年月日に記された時点での状態を表す。貸借対照表の構成は、図表6.3に示すとおり、左側が「資産の部」、右側が「負債の部」と「純資産の部」となっている。左側の資産の部には、企業が所有する財産、すなわち企業が事業活動を行うために使用している資産が記載される。

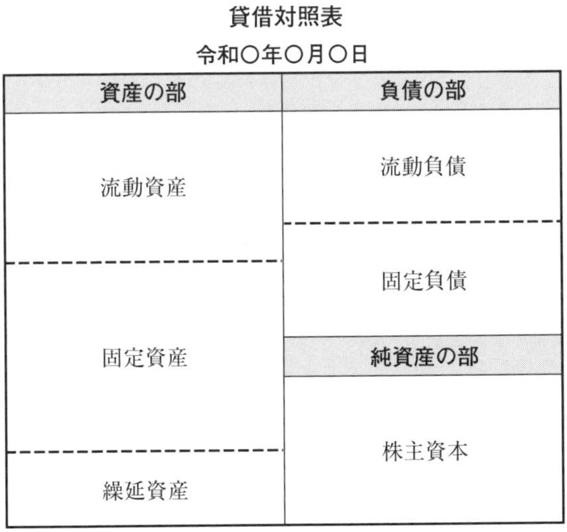

貸借対照表
令和〇年〇月〇日

資産の部	負債の部
流動資産	流動負債
	固定負債
固定資産	純資産の部
	株主資本
繰延資産	

図表 6.3　貸借対照表の構成

　一方、右側の負債の部と純資産の部には、その資産を入手するためにどのような方法で資金を調達したかが記載される。資金の調達に関し、返済が必要なものが負債、返済が必要ないものが純資産となる。負債と純資産の両者を合わせて総資本とも呼ぶが、負債は他人から借り、返済が必要な資本であるため他人資本ともいわれる。一方、純資産は株主からの出資や自社で事業活動を通じて得た利益の蓄積であるため自己資本ともいわれる。

　もう少し詳しく見ると、資産の部は「流動資産」「固定資産」「繰延資産」に分かれており、負債の部は「流動負債」「固定負債」に分かれている。

　最終的には、資産や負債、純資産に属する個々の項目が表示科目で表され、その表示科目と金額の組合せで記載される。

　例えば、資産である現金や預金を 100 万円所有している場合、「現金及び預金　100 万円」というような表示が資産の部にされることになる。資産と負債については「流動」と「固定」に分類されるが、どのようなルールにもとづき区分されるのだろうか。それには 2 つの基準がある。

　1 つ目が「正常営業循環基準」であり、通常の販売・仕入取引で生じる債権、債務は、その回収（支払）期間にかかわらず流動項目とされる。具体的には、商品などの棚卸資産や商品の売買取引に伴い発生する債権・債務で資産では受取手形や売掛金、負債では支払手形や買掛金がこれに該当する。

　2 つ目の基準が「1 年基準」であり、貸借対照表に記載された日付から資産では 1 年以内に現金化できるかどうか、負債では 1 年以内に返済が必要かどうかという基準である。資産の部でいえば、1 年以内に現金化できるものは流動資産、そうでないものは固定資産となる。負債の部でいえば、1 年以内に返済が必要なものは流動負債、そうでないものは固定負債となる。

　なぜこのように流動と固定に区分されるのかというと、企業が永続的に存続し続けるためには、資金的に安定していることが重要であり、貸借対照表を見た人が容易にその判断を行えるようにするためである。例えば、流動資産と流動負債を見ることによって短期的に受払いが発生する資産と負債のバランスを読むことでできる。当然、流動資産のほうが大きいと短期的な資金繰りは安定していることになる。

6.2.2　損益計算書

損益計算書は、企業の一定期間における経営成績を示すものである。損益計算書にも貸借対照表と同様に年月日の記載があるが「自：令和○年○月○日至：令和○年○月○日」という記載になっている。損益計算書は一定の期間で企業がいくらの利益を生み出すことができたかを示すため、始まりの日と終わりの日があり、始まりの日が「自」の年月日、終わりの日が「至」の年月日を示している。

損益計算書は、図表 6.4 に示すとおり、「収益」と「費用」で構成され、その差額で「当期純利益」が計算される仕組みになっている。収益は利益に対しプラス要因となるもので、費用は利益に対しマイナス要因となるものである。

したがって、収益の金額が多ければ黒字、費用の金額が多ければ赤字となる。図表 6.4 は勘定式の形式であるが、実際に企業で作成される損益計算書は図表 6.5 の報告式の形式が多い。報告式の損益計算書は、「経常損益の部」と「特別損益の部」に分けられ、経常損益の部ではさらに「営業損益」と「営業外損益」に細分される。経常損益の部の営業損益は、その企業の本業に関する事項が記載され、営業外損益は、経常的に発生するが本業以外の活動に関する事項が記載される。特別損益の部は、臨時的な活動に関する事項が記載される。すなわち、企業の活動を①本業、②経常的な活動であるが本業以外、③臨時的な活動の 3 つに分け、活動区分ごとに記載をしていく。そして、損益計算書の最大の特徴として、利益を活動区分別に段階的に示すことにある。図表 6.5 のとおり、5 つの利益を段階的に示すことによって、企業の業績の全体像を知ることができるのである。

　①　売上総利益

売上高から売上原価を差し引いたもので商品力を表し、収益性がある商品を販売しているかどうかがわかる。

　②　営業利益

売上総利益から販売費及び一般管理費を差し引いたもので本業により稼いだ利益を表し、事業の収益力を見ることができる。

　③　経常利益

営業利益から営業外収益と営業外費用を加減算したもので経常的な企業活動の成果を表し、会社の実力を見ることができる。

損益計算書

自：令和〇年〇月〇日

至：令和〇年〇月〇日

費用	収益
・売上原価 ・販売費及び一般管理費 ・営業外費用 ・特別損失 ・法人税等	・売上高 ・営業外収益 ・特別利益
当期純利益	

図表6.4　損益計算書の構成（勘定式）

損益計算書

自：令和〇年〇月〇日

至：令和〇年〇月〇日

経常損益の部
（営業損益）
売上高
売上原価
売上総利益
販売費及び一般管理費
営業利益
（営業外損益）
営業外収益
営業外費用
経常利益
特別損益の部
特別利益
特別損失
税引前当期純利益
法人税等
当期純利益

図表6.5　損益計算書の構成（報告式）

④　**税引前当期純利益**

　経常利益から特別利益と特別損失を加減算したもので企業のすべての活動を加味した利益を表す。

⑤　**当期純利益**

　企業が支払う法人税等を差し引いた最終的な利益を表す。

　なぜこのように段階的に５つの利益を示しているかというと、それぞれの利益を見ることによってその企業が出した利益のプロセスを知ることができるためである。どのような活動で利益を出したか読み取ることが大切なのである。

　例えば、営業利益、経常利益は赤字であるが、手持ちの不動産を売却して利益を出し、税引前当期純利益が黒字となっている企業はどのように受け止めればよいであろうか。この企業の場合、本業の収益力は低く、本業以外の経常的な活動でも赤字の補填ができず、不動産の売却という臨時的な活動により赤字の補填をしていることになり決してよい状態とはいえないのである。

　最終的な利益が黒字ならいいというわけではなく、売上総利益、営業利益、経常利益をどう稼いだかが重要である。さらに損益計算書は比較を行うことも重要である。同じ企業で過去の内容と比較することで売上や利益がどのように推移したかを確認できる。また、同業他社と比較することで業界の中での動向などを読み取ることができる。

6.3　キャッシュ・フローと利益の関係性について

　企業会計の中で重要な点として、キャッシュ・フローと利益の関係性がある。キャッシュ・フローとは現金の流れをさすが、事業活動にとても大切な現金は人の体に流れる血液に例えられる。人は体の隅々まで血液が流れないと活動ができずに死んでしまう。企業も同じように現金が必要なときに必要な分だけ企業の中を流れることが事業を継続するうえで不可欠となる。

　また、現金は事業の成果（利益）に伴い増加することが正常である。しかし、黒字にもかかわらず現金が残っていない、いわゆる「勘定あって銭足らず」の状態になっている場合には、現金の流れに何かしらの問題がある。

　「キャッシュ・フロー計算書」という決算書があるが、これが企業の現金の流れを明らかにするものである。キャッシュ・フロー計算書は企業の活動を次

の3つに区分し、活動区分別にいくら現金が増減したかを表している。

① **営業活動によるキャッシュ・フロー**

　商品の販売や仕入れなど通常の事業活動において得た現金

② **投資活動によるキャッシュ・フロー**

　不動産や株式の売買などにより得た現金

③ **財務活動によるキャッシュ・フロー**

　株主からの出資や金銭の貸借などにより得た現金

それでは、このキャッシュ・フローと利益の関係性について考えていこう。

キャッシュ・フローは現金入金と現金出金の差額として計算される現金の増減額であるのに対して、利益は収益と費用の差額として計算する（図表6.6）。

次に企業の具体的な取引をいくつか例にあげ説明する。現金が入金される事項として、商品の販売代金の回収、銀行から借り入れを行うことや株主から出資を受ける等さまざまなものがある。また、現金が出金される事項として、人件費や諸費用の支払い、銀行への借入返済や株主に配当金を支払うなどこちらもさまざまなものがある。

ここで現金入金と収益の違い、現金出金と費用の違いが重要なポイントとなる。収益は事業活動の結果として生み出された成果であり、資本取引以外の取引によって経済価値を増加させる事実である。売上高などが代表的な収益である。費用は、収益を獲得するために費やした経済価値を減少させる事実である。仕入などが代表的な費用である。

商品の販売代金の回収について考えると、商品を顧客に引き渡し、その後一定期間経過後に代金の入金を受けるという流れが一般的であるが、ここにタイムラグが生ずることがある。入金の事実に関係なく商品を顧客に引き渡した段

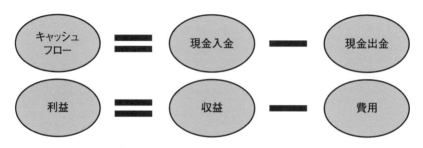

図表6.6　キャッシュ・フローと利益の計算

階で収益は認識される。すなわち、収益の認識と入金にはタイムラグが生じることとなる。

　また、銀行から借り入れを行っても将来返済が必要になるため、借入は収益としては考えない。さらに、株主から出資を受けることは資本取引に該当するため、これも収益としては考えない。

　次に、人件費や諸費用の支払いは厳密には費用は「発生主義」という考え方にもとづき認識されることとなるが、多くの場合は費用の発生と支払いは同時となることが多い。また、銀行への借入返済は、借り入れを行った際に収益とは考えなかったため、返済時も費用とは考えない。

　さらに、株主への配当金の支払いは利益の分配と考えるため、費用としては考えない。したがって、現金入金と収益にはイコールの関係はなく、現金出金

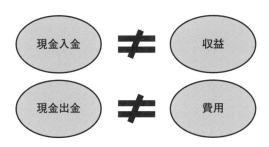

図表 6.7　現金入金と収益、現金出金と費用の関係性

現金入金（実際に入ってきたお金）		
販売代金	銀行からの借入れ	株主からの出力
現金の受け渡しは商品販売と同時ではないこともある（信用取引）	銀行からお金を借りても将来返済が必要なので、**収益ではない**	株主からの出資金は会社の純資産として扱われるものなので、**収益ではない**

現金出金（実際に出ていったお金）			キャッシュ・フロー（差額）
人件費や諸費用	借金返済	配当金	
ここはほとんど費用と同じ	借りたときに収益にならないので、返済のときも**費用にならない**	利益の分配として支払われるものなので**費用ではない**	

図表 6.8　キャッシュ・フローの考え方

と費用にもイコールの関係はない（図表6.7）。

　このようにキャッシュ・フローと利益の考え方をしっかりと理解し、財務的に健全な状態で企業経営を行うことが重要である。黒字が出ているにもかかわらず倒産してしまうケース（黒字倒産）もあるため、キャッシュ・フローが黒字になるような資金計画が大切である（図表6.8）。

6.4　経営戦略と管理会計

　多くの企業では、経営理念というものが存在する。経営理念は企業の存在意義を示し、事業を行ううえで根本となる考え方や思いを表したものである。経営理念はたびたび船を航海するときに進むべき方向をさし示す羅針盤に例えられる。経営理念を明文化することにより、社内的には従業員の意思統一を図ることができ、全員が同じ方向を向いて各業務に取り組むことができる。また、社外的にも利害関係者に対し価値観を伝えることにより、信頼、信用を得ることができる（図表6.9）。

　また、経営ビジョンというものもある。経営ビジョンは、経営理念を達成するための企業の具体的な将来像を表したものである。経営ビジョンは、経営理念を具体化したものともいえる。経営理念が明文化されているだけでは全従業員が具体的な将来像をイメージすることが難しく、それを明らかにするために経営ビジョンを明文化する企業が多い。

　さらに、経営戦略というものもある。経営戦略は、経営ビジョンを達成するための具体策である。その企業の外部環境と内部環境を整理し、そこから導き出される課題に対しどのように対応するか、どのように事業を展開していくかなどを具体的に検討することが重要となる。経営戦略を検討した後には、数値目標を立てることも大切である。売上や利益としてどのくらいを目標とするか考えていく。

　次に、簡単な数値目標の立て方を説明する。簡単な数値目標であれば、次の2つの情報があれば立てることができる。

　①　その事業にかかる費用（人件費など）の見込額
　②　予想される売上総利益率
　上記2つの情報をもとにラーメン屋さんの開業を考えてみよう。

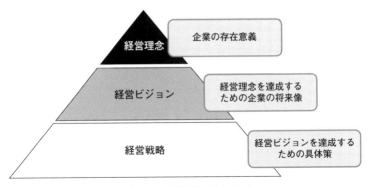

図表 6.9 経営理念とは何か

ステップ 1：業界情報を確認

①その事業にかかる費用（人件費など）の見込額

　１年間でかかる費用

　　　・人件費…33,822 千円

　　　・その他の固定費…20,841 千円

　　　　　合計　54,663 千円

②予想される売上総利益率（限界利益率で代用）　69.5％

数値は TKC グループホームページの BAST 速報版より一部抜粋

(https://www.tkc.jp/tkcnf/bast/sample)

ステップ 2：目安となる売上高の計算

　ステップ１の①と②の情報をもとに目安となる売上高を計算する。

目安となる売上高の計算は、①÷②と計算する。

$$\downarrow$$

　　　54,663 千円 ÷ 69.5％ = 78,652 千円

　この計算の意味として、78,652 千円の売上を達成すれば、54,663 千円の

売上総利益を達成できる（売上総利益率が 69.5％なので）。

　54,663 千円の売上総利益が達成できれば、費用（人件費など）をすべて支

払うことができる。

> **ステップ3：目安となる売上高を細分化し、イメージしやすくする**
>
> 　78,652千円は年間での売上高であるため、細分化してイメージしやすくする。
>
> 　1カ月では、78,652千円 ÷ 12カ月 = 6,554千円
>
> 　1日あたりは、6,554千円 ÷ 30日 = 218千円
>
> 客単価800円だとすると、218千円 ÷ 800円 = 272.5杯
>
> ↓
>
> 　毎日272.5杯を販売すれば、年間で78,652千円の売上を達成できることがわかる。

　上記は、目安となる売上であり利益が0の状態になる。すなわち赤字にならないラインとなる。目標利益を含めて計画する場合は、①その事業にかかる費用（人件費など）の見込額に目標利益額をプラスして計算すればよい。

　数値目標を立ててから事業を実行し、1年経過後にその数値目標と実際の数値を比較することも大切である。特に実際の数値が目標よりも低かったときにどこに問題があったのかを検証することが重要である。今後その問題を解決できることなのかを十分に検証し、解決が難しい問題であれば数値目標の立て直しも必要になるであろう。

6.5　損益分岐点の分析

　管理会計では、損益分岐点を理解することは非常に重要である。損益分岐点とは、売上と費用の金額が等しくなる状態であり、利益はプラスでもマイナスでもなく0となる。このときの売上を損益分岐点売上と呼ぶ（図表6.10）。

　したがって、損益分岐点売上よりも高い売上を達成できれば利益が生じる。逆に損益分岐点売上よりも売上が低くなれば損失となる。企業を経営する際に、最低でも達成したい売上となるため、損益分岐点売上を把握しさまざまな活動を行うことが重要となる。

　それでは損益分岐点売上の計算方法について説明をしていこう。この計算で初めに行うことは企業で発生する全ての費用を2つに分類することである。「変動費」と「固定費」の2つのタイプに分類する。

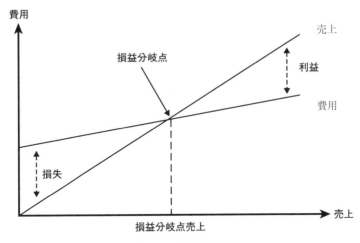

図表 6.10　損益分岐点

　変動費とは、売上の増減に応じて増減する費用であり、売上が増加すれば増加する費用、売上が減少すれば減少するものである。例えば、商品仕入や原材料費などがこれにあたる。

　一方、固定費とは、売上の増減には関係なく常に一定額が発生する費用であり、売上が増加しても減少しても変動しないものである。例えば、事務所家賃や人件費などがこれにあたる。

　管理会計には、細かなルールは存在しないため、この費用は変動費、こっちの費用は固定費という決まりがあるわけではない。その企業の事業構造を分析し、企業ごとに費用の分類を行う必要がある。損益分岐点売上の具体的な計算式は、以下のとおりである。

　　　　損益分岐点売上 ＝ 固定費 ÷ 限界利益率

限界利益率とは売上に占める限界利益の割合で、限界利益とは売上から変動費を引いたものである。すなわち、以下の計算式となる。

　　　　売上 － 変動費 ＝ 限界利益

　　　　限界利益 － 固定費 ＝ 利益

　　　　限界利益率(%)＝ 限界利益 ÷ 売上 × 100

　例として、売上が1,000、変動費が200。固定費が500のときの損益分岐点売上の計算は、以下のとおりである。

{(売上 1,000 － 変動費 200) ÷ 売上 1,000} × 100 ＝ 限界利益率 80%

固定費 500 ÷ 限界利益率 80% ＝ 損益分岐点売上 625

　損益分岐点売上は 625 と計算された。売上が 1,000 のときの変動費は 200 なので、売上に占める変動費の割合（変動費率）は 20% である。売上が 625 に下がった場合の変動費は 125（＝ 625 × 20%）となる。売上を 625、変動費を 125 として限界利益を計算すると、500（＝ 625 － 125）となり、固定費の 500 と一致し、結果的に利益は 0 となる。当然、売上が 625 を上回れば利益が出るが、下回れば損失が出ることになる。

　損益分岐点は、企業経営を行う際に重要な考え方の 1 つであり、収益構造が悪い企業は損益分岐点を引き下げることも重要な課題となる。損益分岐点を引き下げれば、利益が出やすくなるためである。損益分岐点を引き下げるには、①限界利益率を高める、②固定費を削減するの 2 通りの方法がある。もちろん同時に取り組みを行えばさらに効果は高まる。限界利益率を高めるには、原価の見直しや商品力を高めることが必要になる。また、固定費の削減のためには、事業構造を見直し、無駄な費用をなくすということになる。

6.6　投資の意思決定

　企業を持続・成長へと導くには設備投資が必要なときもある。設備投資を行うときに会計の観点からはどのようなことを考えればよいだろうか。実は会計の数値を用いて投資の判断基準とすることもできるのである。投資の判断基準の算定方法はいくつかあるが、簡単な方法として以下の 2 つ紹介しよう。

6.6.1　回収期間法

　回収期間法とは、設備投資額がその投資によって得られるキャッシュ・フローによってどのくらいの期間で回収ができるか算定し、満足し得る期間内となっているか否かで投資を評価する方法である。そのため、その投資によって得られるキャッシュ・フローを試算する必要がある。

6.6.2　投資利益率法

　投資利益率法とは、設備投資によって、どれだけの利益を得られるか算定し、

満足し得る利益となっているか否かで投資を評価する方法である。そのため、その投資によって得られる利益を試算する必要がある。

　一定の前提を置いて、それぞれの方法の算定をしてみる。

【前提条件】

設備投資額：1,000

設備投資による増加する収益（売上）：300

設備投資による増加する費用：100（このうち50が減価償却費）

法人税等の実行税率：30%

設備投資のための資金：700を借入（7年間で均等返済）、300を自己資金

---

① 回収期間法

投資によって得られるキャッシュ・フローは、最終的な当期純利益に非資金費用を加味して算定することとする。非資金費用とは、現金支出を伴わない費用であり、減価償却費がこれに該当する。

考え方は以下のとおりである。

増加する収益　　　　　　　300

増加する費用　　　　　　△100（うち50が減価償却費）

増加する税引前当期純利益　200

増加する法人税等　　　　△60

増加する当期純利益　　　　140

増加する減価償却費　　　＋50（減価償却費は現金支出を伴わないため加算）

投資によって得られるキャッシュ・フローは190

投資額1,000÷投資によって得られるキャッシュ・フロー190＝5.26…年

→よって6年あれば投資額の1,000を回収することができる。

借入期間の7年の範囲内となっている点や投資によって得られるキャッシュ・フローの190が年間返済額の100を上回っていることを考えると、この投資は問題がないように考えられる。

> ②　投資利益率法
>
> 投資によって得られる利益は、簡便的に税引前当期純利益を用いる。
> 増加する税引前当期純利益は、上記の通り 200 となる。
> **（投資によって得られる利益 200 ÷投資額 1,000）× 100 ＝ 20%**
> →よって投資額の 20%が利益として還元されることになる。
> 複数の設備で比較を行ったり、その投資によるリスクなど総合的に
> 勘案し、設備投資の良否を検討することになる。

設備投資は資金的にも高額になり、当該資産は企業資産として長期にわたり使用していくものであるため、さまざまな角度から検証をしていく必要がある。

6.7　会計情報を活かすには

本章では、会計の基礎から管理会計として会計情報を企業経営においていかに活かしていくかを説明してきた。すべての企業では財務会計にもとづく決算書の作成を行っているが、それで終わってしまっているのであればもったいない話である。

管理会計は難しい会計ルールに縛られることなく、企業独自の方法で会計数値を企業経営に活かしていくことが重要である。企業が取り組むべき課題が会計情報から見えてくる場合もある。その原因を確認し、改善する手法を考え、実行ができれば非常に価値が高いことであり、それが企業の存続と発展につながっていくのではないか。

第 6 章の参考文献

[1]　アタックスグループ 編著：『図解決算書』、あさ出版、2009 年。
[2]　TKC グループ Web サイト
　　　https://www.tkc.jp/tkcnf/bast/sample
　　　（2020 年 11 月 11 日アクセス）

第7章

技術・技能の伝承と人材育成

7.1　中小企業のものづくりの現況

7.1.1　製造業の重要性

　バブル景気が始まるのは、1985 年 9 月に主要 5 カ国によって為替レート安定化のために発表されたプラザ合意の後であった。その 5 年後の 1991 年にはバブル景気は崩壊する。

　そして、我が国の国内消費は不振になる。それを受け、自動車産業など多くの製造業は海外に進出し、生産や販売を拡大してゆくのであるが、それが巨額の貿易黒字を生み出すことになる。当然、円高になるが、貿易黒字はさらに続き、その結果、1994 年から急激な円高に見舞われ、1995 年 4 月には、1 ドル79 円程度まで高騰し、輸出依存の我が国経済は大きな打撃を受けることになった。バブル景気崩壊後からこのような経済状況はおよそ 10 年間続くが、この時期のことを「失われた 10 年」と言っている。

　その後、景気は一進一退するが、2008 年にはアメリカの投資銀行リーマンブラザーズの破綻による影響が我が国を襲い不況になった。学生の内定取り消しが続出し社会問題化したのもこの時期である。バブル景気崩壊後からのこの20 年を「失われた 20 年」ともいう。

　このような中、国民経済計算より内閣府が作成したバブル景気後の 1994 年から 2012 年までの「名目 GDP に占める産業別割合」[1] を見ると、1994 年は製造業が 21.8％、サービス業は 15.7％であり、製造業が 6.1％多い。

　2000 年にはそれぞれ 21.1 ％、17.6 ％になり製造業とサービス業の差は 3.6 ％までに縮小し、リーマンショックの明けた 2010 年には 19.6 ％、18.9 ％になりその差は 0.7 ％で僅差になる。2012 年には製造業 18.1 ％、サービス業 19.8 ％となり両者の割合は逆転する。1994 年から 2012 年までの間、製造業の名目 GDP は一貫して減少し、逆にサービス業のそれは増加した。

　これに伴い、産業別就業者数も変化した。1994 年は、製造業に 21.1 ％が就業し、サービス業は 23.3 ％であった。名目 GDP とは異なり、就業者数については製造業よりもサービス業が 2.2 ％多かったのである。2000 年はそれぞれ 18.7 ％、27.1 ％で、その差は 8.4 ％である。2010 年には 15.8 ％、30.8 ％となりその差は 15 ％になる。さらに 2012 年には 15.5 ％、31.2 ％になり、その差は 15.7 ％までになる。1994 年を起点にすれば製造業とサービスの就業者数の差は、18 年間に 13.5 ％広がったのである。

　確かにサービス業の就業者数は 18 年間に製造業の 2 倍以上になったのであるが、名目 GDP の観点からいうと両者の差は 1.7 ％程度しかなくサービス業がわずかではあるが多い程度である。言い換えれば、製造業は、サービス業の半分以下の就業者数でほとんど同じ程度の名目 GDP を産出しているのである。

　1994 年から 2012 年までの 18 年間に、製造業の名目 GDP は一貫して減少し続け、その一方でサービス業は増加し続けた。付加価値生産を担う産業別就業者数も製造業は一貫して減少し続け、サービス業は増加し続けている。サービス経済化の進展はその歩みを止めていないのである。

　以上の分析より、製造業は国民経済の要であるといっても過言ではない。資源の少ない我が国において少子高齢社会が一層進展すれば、製造業の衰退が一段と大きくなり我が国の経済が成り立っていかなくなることが懸念される。

　このような背景の下に、雇用政策研究会（厚生労働省職業安定局）は、2012 年 8 月に雇用政策研究会報告書「『つくる』『そだてる』『つなぐ』『まもる』雇用政策の推進」[2] を発表した。

　これによると、2010 年に制定された「新成長戦略」は 2020 年までに名目成長率 3 ％、実質成長率 2 ％をめざして次のような「成長の軸〜“製造業 1000 万人の日本”の維持」を提言している。

　「戦後、日本の高度経済成長を支えてきたのは『製造業』である。一方、製造業が日本の高度経済成長を支える時代は終焉したという声が出ているのも事

実である。(中略)しかし、国内で長年にわたって築き上げた『技術力』『人材の厚み』等は、他国が容易に同水準に到達できるようなものではない。生産工程の一部は他国の工場に移行したとしても、マザー工場的な機能や、サポーティングインダストリーなどによる最終製品を提供する企業との擦り合わせ機能も含む基礎的な開発・新製品開発・設計などの事業は国内に残されると考えられる。(中略)今後とも製造業が日本の成長の軸となり、製造業 1000 万人程度の日本が維持されるよう努める必要がある」[2]。

なお、最新のデータによると、名目 GDP に占める産業別割合は サービス経済化がさらに進んでいる。内閣府「平成 29 年度国民経済計算年次推計」(平成 31 年 4 月)によると、産業別名目 GDP は、製造業についていえば 2015 年度は 20.9％、2017 年度は 20.8％であり、0.1％程度減少している。一方、就業者数の産業別割合は、総務省「労働力基本調査」(2020 年 9 月分)によると、製造業はそれぞれ 16.2％、16.1％でありこれも 0.1％ほど減少している。製造業の名目 GDP と就業者数の減少傾向は、歯止めがかかっていないのである。

リーマンショック以降の経済の回復に伴い、人手不足が顕著になり、このことは特に中小企業経営に大きな影響を与えた。そのため、中小企業が発展していくためには労働力不足をどのように充足していくかが大きなポイントになるものといえる。今後は、女性の活用、定年を延長するなど高齢者の継続雇用などが一層求められることになるが、同時に、本章で取り上げる製造現場における技能者養成と技能伝承、デジタル機器の活用によるより高度な加工技術の導入や省力化などが大きな課題になるものと考える。以下、このことについて検討する。

7.1.2 ものづくり現場の実態

先の厚生労働省の報告書の内容は、バブル景気やその後の急激な円高不況、リーマンショックを経て今後の日本経済を牽引していく製造業指針を 2020 年までに達成していくというプランであった。そして、このことを現実化していくのは製造業における実際の工場現場であり、そこで働く技術者・技能者である。そのことから本稿では、ものづくり現場では、バブル景気前後よりどのような問題や課題を抱えていたのかを考えてみることにする。これからの社会のあるべき姿は、歴史の上に築かれるからである。

　まず初めに、バブル景気前後から中小企業の必要とする人材ないし職種を見ておくことにする。いうまでもなく、1985 年のプラザ合意によって一時的には円高になり生産は急激に落ち込んだ。しかし、政府の過剰流動性の放出によって市中の貨幣需要が膨らみ、それに合わせて景気が拡大して好景気になった。いわゆる先に述べたバブル景気の到来であるが、それも 1991 年には終息しその 3 年後にはこれまでになかった円高不況になったのである。図表 7.1 はその経済状況によって求める人材が異なっていることを示している。なお、この図表では、1994 年の円高不況時の必要とする人材は含まれていない。

　図表 7.1 は、バブル景気直前から円高不況がやや落ち着いた 1985 年から 1996 年までの中小企業白書における製造業が求める人材の変化、あるいは職種別人材の不足感等の資料から作成したものである。これによると、中小企業ではバブル景気前の「現在」では技能工が最も必要とされ、単純工、生産技術者と続いている。その時点で「今後」必要とする人材は生産技術者が最も要求され、次いで研究者、技能工の順になるのである。しかし、バブル景気に入ると「現在」でも「今後」の予定でも技能工が最も求められている。次いで技術者、研究者の順である。バブル景気後では研究者、生産技術者、技能工となる。バブル景気中とその後では、単純工は見られない。

　そこで、この理由を『平成 5 年版中小企業白書』の業種別付加価値額によって考えてみる[3]。すなわち、大企業も中小企業も軽工業素材型と重工業素材型産業はバブル景気前後を問わずその割合は減少していくのであるが、それと

図表 7.1　バブル景気前後の必要とする人材の変化（中小企業）

	時期	1 位	2 位	3 位
バブル景気前	現在	技能工	単純工	生産技術者
	今後	生産技術者	研究者	技能工
バブル景気間	現在	技能工	技術者	研究者
	今後	技能工	技術者	研究者
バブル景気後		研究者	生産技術者	技能工

（出典）　三宅章介、横山悦生：「バブル景気前後における経済状況と中小企業経営の課題について−必要な人材像とその過不足状況を中心にして−」、『技術教育学の探求』、名古屋大学大学院教育発達科学研究科技術・職業教育学研究室、2019 年 12 月、第 20 号、p.64

異なり軽工業加工型と重工業加工型は増加していく。特に重工業加工型の比率は大きくなる。例えば、大企業の重工業加工型はバブル景気前の1985年は58.6％であったが、1991年には59.0％に増加する。中小企業の場合もこの傾向は同様であり、それぞれ36.1％から38.1％まで増加するのである。バブル景気を境にして円高も加わり、自動車メーカーなどは積極的に海外進出を図ることになるからである。したがって、製造業はより付加価値生産額の高い加工型産業への転換に迫られたものと考えられる。

　製造業の付加価値生産額の多い加工産業への転換は、ものづくりを考えるうえで重要な観点でもある。なぜなら、海外進出には膨大な資金や人材を必要とし、また技術の進展とともに装置産業としての素材型から加工型に移行するので、このことは必然的にものづくりを内製化することになるからである。

　業態の変化は、中小企業の下請率も変化した。同白書によると、1987年には中小企業の下請率は55.9％であったが、1998年には47.8％まで減少した。このことを念頭に、図表7.1の中小企業が必要とする人材像を考えるとその理由がわかる。すなわち、バブル景気前とその只中では日々の業務多忙に追われるが、それは現在直面している生産量と所定の品質をもつ製品を納期までに製作し納品するという差し迫った対応であったからである。

　したがって、この時期は技能工や単純工が求められるが、さらに景気が上昇することにより、一層の生産活動を実施なければならなくなるので、設備投資や工程の改善などを担う生産技術者が求められた。しかし、生産活動が活発になると資金力も付き、それに伴い将来の経営計画をにらんだ投資が要請されるようになる。そのことは研究者を必要としたことに表れている。バブル景気間の「現在」と「将来」において、第3番目に必要とする人材が研究者であることによる。バブル景気以降は円高も加わり極端に生産活動は制約されたが、それを克服するためにも研究者が最も要請され、研究成果を生産活動に移行するために生産技術者が求められ、そして、その製品化のために技能工は3番目に必要となる。

　これに対して、大企業の場合は、バブル景気以前では、その時点での「現在」では最も必要とする人材は生産技術者であり、2番目は技術者、3番目は技能工である。「将来」では同様に研究者、生産技術者、企画従事者となる[4]。このデータだけでは踏み込んだ考察とはいえないが、大企業が産業をリードし、

それに中小企業が牽引されているように理解できる。

　以上のように、景気変動によって中小企業の異なる人材像は変化してくるのであるが、このことはバブル景気の前後であり、今から 25 年ほど前のことである。では、今日では中小企業ではどのような人材が求められているのであろうか。

　図表 7.2 は、2013 年度と 2016 年度の職種別有効求職数と有効求人数の差をグラフにしたものである。これによると、人手「不足」は「専門的・技術的職業」と「サービスの職業」および「介護関係職種」が際立っており、反対に「事務的職業」は過剰が強い。

　ものづくりに関係する「専門的・技術的職業」と「生産工程の職業」を分析すると、まず 2013 年ではリーマンショック後の不況の影響から「専門的・技術的職業」は 13.3 万人不足していた。

　現場作業にかかわる「生産工程は不況であるほど現場は余剰人員になり、経営効率を高める生産技術者は不足になる」という構図が表れている。3 年後の2016 年ではサービスの職業の不足感強いが、これを別にすると専門的・技術的職業は最も不足感が強い。そして、「生産工程の職業」も不足となった。図表 7.2 にもサービス経済化の進展が著しく表れているが、同時に今後の中小企業の必要な人材は、バブル景気の頃に特徴的に見られた生産技術者であることがわかる。

　因みに、このことを 2013 年度ではあるが有効求人倍率よって示すと「専門的・技術的職業」が最も高く 1.48、「サービスの職業」1.37、「生産工程の職業」0.74 である。「生産工程の職業」は、2013 年度は過剰であったために 1 を下回っている。つまり、バブル景気以降の製造業の中小企業の最も求められる人材は、現場作業を担う単純工ではなく、生産工程を絶えず改善していく現場をよく知悉した技術者である。

　ただ、ここで、現場作業を担当する技能者はどうなのか、という点が問題である。図表 7.1 では、必要とする人材として「技能工」という名称を用いていた。図表 7.2 ではその言葉を用いていないので単純に比較することはできないが、しかし、次の 7.2 節で述べる高度な技能を持つ技能者は、併せて生産や技能に関する高度な知識を保有する者である。その点からいえば、高度な技能を持つ技能者は、後述する熱田起業でもそうであるが「専門的・技術的職業」に

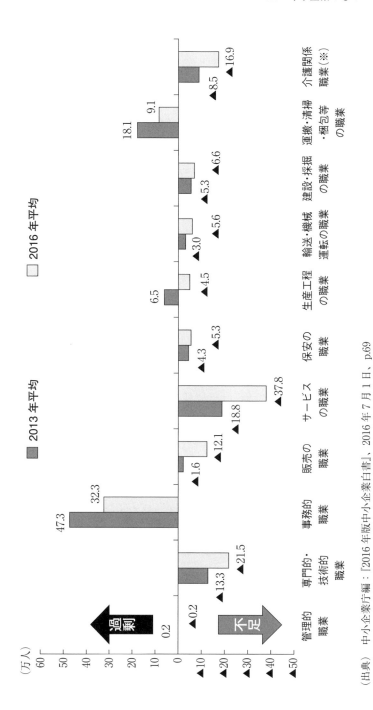

図表 7.2 2013 年度と 2016 年度の職種別有効求人数と有効求職職数の差（パートタイムを含む常用）

（出典） 中小企業庁編：『2016 年版中小企業白書』，2016 年 7 月 1 日，p.69

入れることが可能である。それに対して、単に繰り返し作業を担う現場作業者は、図表7.1に従えば「単純工」に当たるものと見てよい。

　ともかく、資源のない我が国が貿易立国として外貨を得て発展していくためには、付加価値生産額の低いサービス業ではなく、より多くの付加価値を生み出す製造業の一層の進展が望まれる。そして、親会社を持つ下請企業においても、優れた生産技術や技能をもち親会社と対等に価格交渉できる技術力を持つことが、これからの中小企業にとって不可欠な経営課題であるといえよう。

　そこで、高い付加価値を生み出していく製造業において、中小企業に限定すれば、生産技術者や高度な技能を持つ人材を育成し、かつ技能を伝承していくためには、今日、どのような問題や課題があるのかを検討してみることにする。ここでいう技能の伝承とは、機械機器の使用のみならず図面の読み方、作業順序、必要な材料や工具の手配といった効率的な段取り等の技術技能を継続的に一層発展させていくことである。伝承は、付加価値生産額の高い製造業が経済発展を継続的にリードしていく役割を有する。

7.2　ものづくりに必要とする人材像とその課題

7.2.1　必要とするものづくり人材

　『2018年版中小企業白書』[11]には、「業種別従業員数過不足DIの推移」が掲載されている。これによると、リーマンショック直後の2008年には他の業種と比較して製造業の過剰感が最も強かったが、2018年になって初めて不足感が強くなる。詳しいデータは省略するが、このことは大企業においも同様であり、景気回復とともに徐々に不足感が強くなっていく。同時に少子高齢社会も進展し、我が国はそのための対策として高齢者の継続雇用を促すこと、また女性を積極的に活用することなどを視野に入れた働き方改革を官民ともに取り組むことになった。

　このような中で、製造業におけるものづくりにはどのような人材が求められるようになったのであろうか。

　図表7.3は、求められる人材像を複数回答でまとめたものである。まず、大企業であるが、上位三者をあげると「生産現場の監督ができるリーダー的技能者」(69.4％)、「工場管理・作業者の指揮ができる工場管理者層」(63.5％)、「製

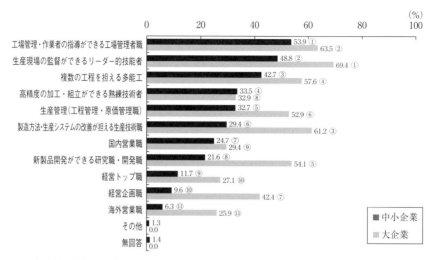

（出典）　経済産業省：『2017年版ものづくり白書』、p.18、2017年6月6日
図表7.3　求められる人材像（複数回答）

造方法・生産システムの改善が担える生産技術職」（61.2％）である。中小企業
では「工場管理・作業者の指揮ができる工場管理者層」（53.9％）、「生産現場の
監督ができるリーダー的技能者」（48.8％）、「複数の工程を担える多能工」（42.7
％）である。

　大企業と中小企業における人材像の上位三者は、1位と2位は入れ替わって
いるがほぼ同じ人材像であった。3番目の人材像は大企業が生産技術者である
のに対して中小企業では多能工を求めていた。このことから、これからの製造
業を担う人材像は大企業も中小企業も同じであることがわかる。

　なお、図表7.1ではバブル景気を挟んで中小企業と大企業の求める人材像を
取り上げたが、このことと、それからほぼ20年経た図表7.3による人材像は
調査も異なっており、かつ言葉も異なるため順位も前後するが、内容的にはほ
ぼ同様な傾向を示しているといってもよい。

　したがって、ものづくりにおいては現場作業を知悉する生産技術者や技能工
ないし多能工は、きわめて重要な人材であることが分かる。このような人材が
不足すれば、ものづくりが成立しないことは自明である。今日、優れた技能者
の育成と技能の伝承は、喫緊の課題となっている理由はここにある。

　では、このような人材はどの程度、充足しているであろうか。リーマンショックもほぼ過ぎ去り、産業のグローバル化も進み人手不足も深刻になっていく中、経済産業省の 2017 年 12 月の人材確保の調査によると、2016 年には「大きな課題となっており、ビジネスに影響が出ている」は 22.8％であったが、1 年後の 2017 年には 32.1％まで拡大していた。人材確保が経営に大きな影響を与えていたことがわかる。

　同調査は、特にどのような人材が不足しているかについても大企業と中小企業の双方に聞いているが、それによると大企業が最も不足していると回答しているのは「技能人材」で、40.5％を占めている。2 番目は「期間工」の 12.8％であるが、これは非正規労働者か派遣労働者である。つまり、大企業の現場作業は正社員以外に求めていることがわかる。「デジタル人材」については、この割合は 9.9％程度である。しかし、人手不足を補うために、AI や IoT による生産現場の省力化は避けては通れない課題である。AI、IoT の導入のためにも、今後は「デジタル人材」が強く求められるものと考えられる。「経営人材」「設計・デザイン人材」「研究開発人材」はともに 9.1％である。

　一方、中小企業が最も必要としている人材も、大企業と同様に「技能人材」であり、59.8％である。これは大企業よりも 20％ほど多くなっている。中小企業は下請をすることが多いことを反映しているものと考えられる。次いで「設計・デザイン人材」が 8.6％、「営業・販売・顧客へのサービス人材」が 7.7％を占めている。

　大企業では「デジタル人材」は 3 番目に多かったが、中小企業では 9 職種のうち 8 番目に過ぎない。中小企業は大企業に比べて高度な情報技術と設備のネットワークを構築するデジタル化が遅れていることを示すものである。これでは、大企業と中小企業の技術格差をますます拡大させ、それに付いていけない中小企業は、いずれ市場や企業経営から撤退を余儀なくさせられることになる。

　そのようなことから、高度な製品製作と人材不足に対応するために先進的中小企業では AI や IT、さらには、IoT の導入などが図られている。しかし、このデータで見る限り、中小企業のデジタル化は出遅れているといわざるを得ないのである。

　デジタル化により、工場内のデータを収集する機能を有することができる。これによって精密加工製品を製作し、併せてコスト削減が実現できる。そのこ

とから、同調査では「人材確保の状況とデータ収集の有無との関係」も調べている。このデータは中小企業に特化したものではないが、全体では人材確保に「特に課題はない」という事業所ではほぼ半数がデータ収集をしていないようである。逆にいえば、半数弱がデータ収集をしていることを示している。人材不足が「大きな課題となっており、ビジネスにも影響が出ている」という企業ではデータ収集を71.5%が実施しているということである。

　以上から、リーマンショックを乗り越えてほぼ10年たった2017年ではこのような人材像が浮かび上がってくる。それは、製造業においては少なくともバブル景気以降、求める人材像はそれほど変化はしていないということであろうが、しかし、大企業では特にデジタル化が大きな経営課題になっており、同時にそのための情報収集に力を入れているということである。中小企業は大企業の下請ないし系列化のために、やや遅れて新技術の導入が求められるのであるが、今後は大企業中小企業を問わずデジタル人材の確保が大きな課題になるといえる。後述するが、すでに技術先端的中小企業においては、IoTの導入によって大きな成果を上げているのである。

　デジタル人材は、バブル景気以降、企業が求める新しい人材像に加わったと考えてよい。「企業規模や業種を問わず、年々、人手不足は相当な深刻な課題となっており、その対策は待ったなしの状況と言える」[6]。まさに、ものづくりにおける人材育成は喫緊の課題であり、企業の維持存続がかかっているのである。

7.2.2　人材確保とその課題

　では、今後必要となるこのような人材を企業はどのように確保しようとしているのであろうか。『2017年版ものづくり白書』[6]ではこの点について述べている。

　すなわち、大企業の現状では「新卒採用の強化」37.5%、「中途採用の強化」14.8%、「人材育成の方法の見直し・充実化の取組」14.8%である。今後の人材確保においては、現状では4.5%しかなかった「IT・IoT・ビッグデータ・AI等の活用などによる生産工程の合理化」が最も多く21.7%を占め、続いて「新卒採用の強化」と「人材育成の見直し・充実化の取組」がともに14.8%を占めている。大企業の製造現場では、生産と情報処理技術の一体化が望まれている

のである。

　一方、中小企業においても、現状では「新卒採用の強化」が28.2％で最も多いことは大企業と変わりはない。新卒の採用難からか、2番目は「会社のシニア、ベテラン人材の継続確保」で14.5％、3番目は「中途採用の強化」で14.1％である。中小企業の今後の人材確保については、「新卒採用の強化」が23.2％で最も多い。しかし2番目は「自動機やロボットの導入による自動化・省力化」で16.2％、3番目は「人材育成の見直し・充実化の取組」で8.9％を占めている。

　大企業では最も多かった「IT・IoT・ビッグデータ・AI等の活用などによる生産工程の合理化」は7.3％であり16項目のうち6番目に位置する。

　ただ、中小企業では「自動機やロボットの導入による自動化・省力化」は2番目に位置している。つまり、高度な情報処理技術を必要とするデジタル化までには至っていないが、その手前に位置するこれらを活用する人材確保が求められていると考えてよい。このことから、このようなデジタル人材の確保や育成に向けた取組みにおける最重要課題としては、大企業・中小企業とも「採用や長期雇用につながりにくい」「社員が社内外の研修を受講する時間的余裕がない」と同白書は述べている。実際にはAIやIoTには多額な費用が掛かるといわれていることのほか、これらの設備は従業員の削減につながる、あるいは監視されるという懸念があり、やや後ろ向きになっているのかも知れない。大企業中小企業とも、採用や長期雇用に結び付かないという懸念は、このことを指しているのである。

　とはいえ、少子高齢社会の中、企業経営のグローバル化が進展する中、製造現場でのデジタル化は、高品質製品のコスト低減かつ納期を遵守するための必然的な設備である。今後、製造現場でのデジタル化には一層の進展が見られるものと考えられる。このため、技術先端的企業における新しい技術であるデジタル化をどのように進めればよいかが、次の課題となるのである。

　図表7.4（a）によれば、「製造の現場力の強み」は「ニーズ対応力」「品質管理」「短納期生産」などがあげられるが、図表7.4（b）にあるように「製造現場力の維持・向上に関する課題」では、最多いのは「熟練技能者の技能」55.4％である。「品質管理」「コスト対応力」「基盤技術の維持・向上」「ロボットやIT、IoTの導入・活用力」などはいずれも30％台である。このデータは製造

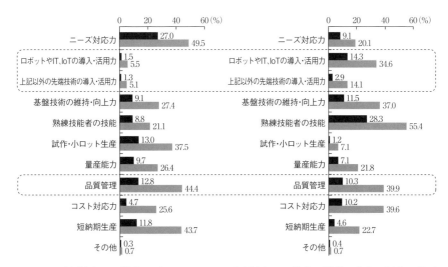

(a) 製造の現場力の強み　　　　(b) 製造の現場力の維持・向上に関する課題

（出典）　経済産業省編『2018 年版ものづくり白書』、p.111、2018 年 5 月 29 日

図表 7.4　製造の現場力に関する調査

業全体を示しているが、中小企業もいずれ、このようなデジタル化とそれに伴う技能の進化を一層、進展させなければならないということができる。

　しかし、デジタル化とそれに伴う高度な技能者を育成することは大きな課題でもあると同時に、きわめて困難なことである。それは AI や IoT の導入には、図表 7.3 に示したように中小企業では「工場管理・作業者の指揮ができるような工場管理者層」や「生産現場の監督ができるリーダー的技能者」「複数の工程を担える多能工」が求められるからである。もちろん、このことは大企業においても同様な傾向であったが、大企業と比べて中小企業は資金力が弱く、人材育成も自社内では指導者不足のため実施できにくいことが多い。さらに福利厚生などの人事施策も十分ではなく採用が困難であり、採用しても転職することが日常的であるためである。『2017 年版ものづくり白書』は、このための具体的事例を掲げているので次の 7.2.3 項でそれを取り上げておく。

　また、このことは後述するように、多能工の育成と IoT の導入に深く関係する。その理由は、IoT の導入には段取り、加工条件、加工順序などの知識が不可欠になるからである。これからのものづくりは、技能工の養成と IoT 導

入は一体と考えてよい。

7.2.3　【事例】イハラ鋼業㈱ [8]

　イハラ鋼業㈱は、愛知県にあるプレス加工や機械加工を行う従業員 75 名の中小企業である。同社は多品種少量生産を掲げて付加価値額の大きい金属複合加工業を営んでいる。採用活動では経営者が企業説明会などに出向き直接会社紹介を行うなど、製造業の魅力を学生たちに伝え、そのうえで会社見学を実施し製造現場で体験するようにしている。これによって採用後のミスマッチを避けるようにしているとのことである。

　さらに同社は従業員の多能工化・万能工化を進めている。そのためには、これまでのような「やり方を見て盗む」では若手従業員には通用しないため、ベテラン社員には社外への研修に行かせ指導方法を学ばせており、同時に、7.4.2 項で取り上げている厚生労働省ものづくりマイスター制度を活用してものづくりの考え方や必要な技能を学ぶようしている。この成果もあり、離職率も下がっているということである。

7.3　技能者育成の課題

7.3.1　暗黙知から見た技能者育成の難しさ
（1）　暗黙知の壁

　7.2 節で述べたことから、これからのものづくりには多能工の育成が重要になるということがわかった。それでは、技能者の育成がなぜ難しいのであろうか。

　それは、我々が他者とコミュニケーションをとる場合、主に言葉によるのであるが、それには明確な知識である形式知とそうではない暗黙知という情報があることに起因する。

　コミュニケーションにおける形式知と暗黙知について最初に取り上げたのは、マイケル・ポラニー（Michael Polanyi）である。彼は 1966 年の著書『暗黙知の次元 – 言語から非言語へ –』[7] の中で、次のように述べている。

　「人間の知識についてあらためて考えなおしてみよう。人間の知識について再考するときの私の出発点は、我々は語ることのできることより多くのことを知ることができる、という事実である。この事実は十分に明白であると思われ

るかもしれない。しかし、この事実が何を意味しているかを正確に述べることは簡単なことではない」[7]。

その例として、知っている人の顔は、その顔と千人、1万人の人の顔とを区別することができるが、しかしその理由を語ることができない、とポラニーはいう。その顔の特徴を細かく分析しそれを寄せ集めてみても、なぜ、そのように結び付けているのかは、我々は語ることができないからである。

このようにして、客観的知識を寄せ集めてみても最後には、その対象に対する我々の主体的なかかわり方が、科学的知識の樹立に貢献することになる。ポラニーは、科学的知識ないし記述的知識は、言葉によって完全に伝達することができない。真の科学は個人の主体性の中にあるという。

「しかしこうした外観が言葉で記述することができなくても実習訓練によって教え伝えることができるのだから、このことは我々がそれらについての知識を語ることを証明しているのではないか、とふたたび主張できぬであろうか。それに対する答えはこうである。我々が外見的特徴を人に教えることができるのは、教師が示そうとしていることの意味を生徒がつかもうとして努力する知的姿勢が、生徒の側に期待できる限りにおいてである（傍点筆者）」[7]。

このように述べたうえでポラニーは、名医の診断や芸術、スポーツあるいは工芸などの技能を用いる能力は、いずれもこの部類に入るという。もちろん、ものづくりもこの中に入る。

そのため「言葉を用いたとしても、我々には語ることのできない何ものかがあとに取り残されてしまう。それが相手に受け止められか否かは言葉によって伝えることができずに残されてしまうものを、相手が発見するか否かにかかっているのである」[7]。

技能養成における困難性は、正にポラニーのいう暗黙知がその養成に大きな要因になっている。そこで、このような技能を教えるには、理論的知識と実践的知識の双方が必要であり、どれが欠けても技能は習得されない。

例えば、旋盤作業の場合、図面上では細かい誤差まで記述することができるが、その指導においては、「切り込みをもう少し多めに（少なめに）」「ハンドルをもうちょっと遅く回すように」「この材料は粘っこい」「こうやってこうやる」などのあいまいな言葉をしばしば用いる。

これらは技能訓練に必ず発する暗黙知の言葉であり、この言葉で情報伝達し

加工していくのが技能の指導である。これを機械にさせようとするのが技術で
あるが、それはいずれ陳腐化し、また新しい技術が出るまでにそれに代わる技
能が求められる。技能が先であり技術は後になり、両者は相即的関係をもって
進歩する。

（2）　技能と暗黙知

　ポラニーのいうことを参考にすれば、技能は、どの程度か明確に表現できな
い言葉によって伝達が行われるのである。

　7.2.3 項で取り上げた愛知県内の中小企業、イハラ鋼業㈱では、以前の技能
養成は「やり方を見て盗む」であったが、これでは若手には通用しないと考え、
指導法習得のため技能者を外部の専門団体の研修に出すことにしたのである。

　また「師匠の後ろ姿によって学ぶ」という言葉もある。これは前からでは立
ち位置が反対になり同じ行動ができないということである。後ろからであれば、
指導者の行動とそれを学ぶ学習者自身の行動の左右が一致するから覚えやすい。
その意味で、これらの一見、指導でないような指導の表現は、指導技術が進ん
でいない時代の合理的な表現でもあったわけであり、一概には否定はできない。

　今日、AI による自動化が進展しつつあるが、これは高度な技能者の行動を
分析し、それをプログラム化し AI を装備した機械に記憶させ、それによって
加工していくのである。高度な技能者は AI のお手本であり、その逆ではない。
暗黙知は技能と技術に密接に関係しているのである。

　「暗黙知の『技能』を科学などの目により、合理的な基礎を与えて、標準
化・普遍化して『技術』へと転換する。『技術』はさらに複雑化していく中で
更なる不確実性が生まれる中で、新たな『技能』を作り出していく」[8]。いか
に技術が発展しようとも、最初は技能からである。言い換えれば、新製品の出
発は技能による。

　しかし、技能には暗黙知が多く、その指導は難しい。「ものづくり人材の定
着状況」[9] の調査では、「技能継承がうまくいっている等企業」と「技能継承
がうまくいっていない等企業」の比較において、従業員の定着性がよい割合
は、前者は 50.0％を占めるが、後者では 26.4％で、「技能継承がうまくいって
いない」企業は、「うまくいっている」企業の半数弱しかない。また、定着性
が悪い企業の割合は、「うまくいっている」企業が 5.9％、「うまくいっていない」

企業が 21.7％である。

　7.2.2 項「人材確保とその課題」で述べたように、「デジタル人材の確保・育成」は、良好な採用や長期雇用につながりやすい。

　技能伝承や高度な技能者とデジタル人材の育成には、暗黙知と形式知の指導が不可欠である。特に暗黙知は、その状況を可能な限り実態に即したわかりやすい言葉と行動で伝達することが、その技能の習得を効果的なものとする。このことは、訓練者のモチベーションを高め定着性をよくするためにも、きわめて重要である。

　暗黙知を含む技能伝達は、明確な言葉で伝えることが難しく長い年月がかかる。そして、それには必然的に指導を受ける者の技能を身に付けるという長期的に継続する意欲が不可欠であり、その意欲の変化に対して指導者はそれを受け止め、ともに学んでいく姿勢をもつことが肝要である。それを支えるのが人事施策でもある。「新人が一通りの仕事をこなせる技能者になるまでの時間」[10]を「技能伝承がうまくいっている等企業」と「技能伝承がうまくいっていない企業」とに分けて集計したデータがある。これによると「3 〜 5 年未満」はそれぞれ 48.2％、47.2％であり、「5 〜 10 年未満」は 24.6％、32.0％である。

　技能伝承には、指導者と訓練者の長い期間を通した学習指導と習得に対する意欲が不可欠になるのである。そのためには、指導者、訓練者とも目標を失わないことが大事であり、また、学習するうえでの人事施策など職場環境が何よりも重要であるといってもよい。

7.3.2　技能者養成の実際

　では、中小企業は人手不足にどのように対応しているのであろうか。それには 1 人の技能者が複数の技能を持つ多能工化と、仕事を兼任する方法が考えられる。

　その方法について示したのが、「多能工化・兼任化の実施状況別に見た、併せて行った取組」[11] である。このデータで最も多いのは「業務マニュアルの作成・整備」で 57.0％である。次いで「従業員のスキルの見える化」43.8％、「多能工化・兼任化に応じた昇給・人事評価」37.3％などである。

　多能工化、兼任化の効果として、上位 3 位までにあがっているのは以下の 3 つである。

① 　従業員の能力向上…52.7%
② 　全体の業務平準化による従業員の負担軽減…35.6%
③ 　繁忙期・繁忙部署における業務処理能力向上…35.1%

　技能者養成かかわる施策は技能養成に直接かかわるものだけにとどまらず、昇進昇格など人事評価、人事管理も併せて実施しなければならない。このことを等閑視すると、高度な技能を持つ技能者ほどエンプロイアビリティが高くなり、技能が身についた段階で他社へ移動してしまうことになる。人事施策は、技能者養成ないし技能伝承の要といってもよい。

　さて、これまで見てきたように、バブル景気以降も大企業、中小企業とも製造業の必要とする人材像にそれほど変わりはなかった。いかにコンピュータが発展しても、それを製造業において活用するのは生産技術者や技能者、つまり人間である。そして、バブル景気後には見られなかった人材が今日では登場した。それがデジタル人材である。今後はデジタル技術を持つ生産技術者、技能者がますます要請されることになろう。それは自動化できるところは自動化し、余剰の人材と時間はさらに技能向上をめざし工数の削減が求められるということである。これは人材の多能工化と兼任化をめざすことを意味する。

　このことを考えると、IoT やそれに伴う技能者養成には、現場により深く踏み込んだ方法が必要になるのではないかと考える。そこで、次の 7.4 節では、実際の製造現場において、どのようにデジタル人材と多能工養成に取り組んでいるのかについて述べる。

7.4　デジタル人材と多能工養成

7.4.1　IoT と技能養成

　AI や IoT が登場し、生産現場では稼働率管理、設備管理、不具合や故障の早期発見に用いられ始めている。しかし、これらの高度なデジタル機器は、先にも述べたが、作業者を監視するのではないか、コストがかかり過ぎないか、技能者が不要になるのではないか、といった懸念があることも確かである。

　しかし、雇用の維持を図り、より多くの付加価値を生み出ためには、ものづくりをより発展させていかなければならない。そのためには、これらの技術の進展とその導入は中小企業においても不可欠である。

　技能とデジタル技術は密接に関係する。したがって、IoT の導入事例と技能養成、それとかかわる厚生労働省ものづくりマイスター制度のマイスターの招聘による技能者養成について事例をあげながら考えてみることにする。このことは、技能伝承をいかに進めるかとも関係する。

7.4.2　【事例】熱田起業㈱

　熱田起業㈱は、1956 年に設立された名古屋市に所在する、2020 年現在従業員数 37 名の中小企業である。製造品目は、ロケットや航空機用のエンジン部品など高度な精密加工部品である。その材質はチタンやアルミ、鋼、インコネルなどであり、切削の難しい工作を要求され、ほとんど多品種少量生産の精密部品となっている。航空宇宙機器部品はミクロン単位の精度を要求されるが、それは使用条件によって速度や温度差が大きく、わずかでも設計図に示された加工に不具合があることによって飛行中にトラブルが発生し、最悪の場合には墜落するという危険性が常に付きまとうからである。

　そこで、経営理念として「品質至上に徹し、高品質な製品を提供する」ことを掲げ、その実践のために QCD（Quality、Cost、Delivery：品質、価格、納期）を重視し、日々生産活動を行っている。以下、西川篤志総括部長・工場長のこれまでの大学や学会発表資料（日本職業教育学会）とヒアリングから得た情報をもとに同社の取組み事例をまとめておく。

　多品種少量生産であり、かつミクロン台の精密加工を要求される熱田起業のような企業においては、「10 年かかってもなかなか一人前にはなれない」（中嶋正行社長）という高度な技能が必要である。それには、高性能の NC 工作機械、検査器具を使いこなす専門的知識や技術が求められる。多品種少量生産では、ある製品が完成すると、次の製品製作の段取りを行い、新しい作業に取り組まなければならない。

　同社では、QCD を進めていくためには、技能者が NC 工作機械を操作することはいうまでもなく、自動化された NC 工作機械であるためには、技能をデジタル技術に変換する能力が要求される。NC 工作機械の使用は、次のような手順や設定、操作が複雑で、しかも微妙な判断を要求されるからである。

　加工に際しては、まず、機械や工具の選定、加工方法、加工順序、材質による工具の選定と送りの速さ、回転数などの加工条件の決定する。そのためには

どのような段取りを必要とするかなどを決め、それを NC 工作機械にプログラムを入力するという順序になる。

　つまり、熱田起業が高度な NC 工作機械とともに技能者育成を必要とする理由は、この作業順序、加工方法、加工条件、段取りを知っておくことが求められるからである。このよう設定は作業経験があって初めて、プログラムに反映することができる。経験がなければ、これら一連の作業工程がわからずプログラムを入力できない。暗黙知を経験によって処理しなければ、最新の機械が使えないのである。

　西川は「ものづくりを行うには最初に人手を必要とする」と言い、中嶋正行社長は「高度な NC 工作機械を動かすためには工程・工作・刃物の種類・送り速度などのさまざまな条件や、それが作業に与える影響を考えてプログラムを入力する必要があり、それには技能者のノウハウが不可欠である」と話している。また、自動機であるので加工中は時間の空きが生じる。その際、技能者は、その時間を他の工作加工や準備、段取りに振り向けることによって、高額な NC 工作機械の稼働率を上げなければならないのである。

　このような事情から、同社は 2016 年より工場の機械の稼働時間や停止時間などを一括管理する稼働率管理と、「いつ、誰が、どこで、どのように、加工したのか・計測結果はどうであったのか」を確認する加工記録管理、すなわち工場の IoT をある工作機械メーカーより導入することにした。

　この IoT は、複数の工作機械をネットワークでつなぎ、監視・保守・分析ができるシステムである。しかし先に述べたように、IoT による管理は「技能は自分だけのものである」という技能者からの反対も出る。その理由として西川は、次の 8 つをあげている。

【IoT による加工記録管理に反対する理由】
　① 　監視されているという現場の反対
　② 　導入は高額であるという経営者の判断
　③ 　(IoT の管理による)管理職の現場離れの懸念
　④ 　費用対効果の疑問
　⑤ 　現在利益が出ているのであえて導入することには疑問
　⑥ 　現在の生産システムで満足
　⑦ 　(IoT による管理よりも)技術者技能者の管理を重視
　⑧ 　扱える人間が不在

　これらはいずれも、現状維持を求めるものである。高度な技能者が存在している企業にありがちな IoT の導入の懸念である。

　しかし、このような反対理由があったが、彼は、高価な工作機械の稼働率を上げること、機械の不具合や故障を未然に防ぐことが、高い加工精度の多品種少量生産企業の「維持存続」に不可欠であると説き、トップの承認を得て IoT の導入を進めることにした。

　それと同時に、より高度な加工技術を持つ技能者は不可欠であるとの理由から、一層の技能の進展を図ることにした。西川は、企業の維持存続について、技能伝承の面から次のように述べている。「伝えなければ『技能』ではない。『技能』は伝えてこそ、生きて発展していく」[12]。

　このような経緯を経て、2016 年に IoT を導入し工場内の工作機械の一括管理が可能になった。IoT は、「作業者の働き方を監視」する管理のためにあるのではなく社内の製造システムを見直すツールであること、経営層が懸念していた IoT は高価であるという心配などは、IoT は安価であり作業者を束縛するものではないということをデータで説明し、理解されたのである。特に、価格面では数千万円をかけて新設備を導入するほうがよいか、数百万円の IoT コストとどちらがよいかなどを具体的に算出して、経営者や技能者の理解を得たことが功を奏したのである [14]。

　また、IoT の導入に際しては以下の３つを行った。

①　共通工具を工場の中心に置くなどの 5S（整理、整頓、清掃、清潔、躾）活動を通じて「工具の整備」を行い、準備時間を短縮（これまでは、必要工具を探すため１時間もかかっていたことがあった）

②　ベテラン技能者と新人技能者のバランスをとるため「業務の確認」を実施

③　「作業員の配置構成」を行い、NC 工作機械の稼働管理を把握し加工記録管理を実施

　さらに、技能者のレベルを上げるためにものづくりマイスターの招聘を図り、より高度な技能資格の取得をめざした。言うまでもなく、高度な技能者ほどその経験から工作手順・条件・準備などをよく知っており、段取りの仕方を身に付けているからである。マイスターの活用によってめざした技能資格は、機械技能士作業１級・２級、機械検査技能士１級・２級などである。

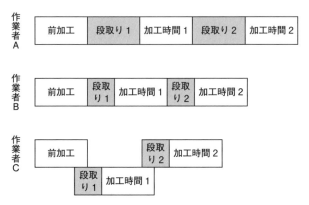

（出典）　西川篤志：「IoT の導入と技能者養成－熱田起業株式会社の事例－」、『日本職業教育学会企業内教育部会発表資料』、2020 年 10 月

図表 7.5　作業者別作業時間の分析

　図表 7.5 は、IoT の導入によって工場全体の機械や作業状況が作業者ごとに把握できるようになった分析結果を示したものである。作業者の技能レベルによって、作業時間が異なることがわかる。この図表 7.6 においては、前加工時間と加工時間 1・2 は同じ機械のため加工時間は同じであることが前提であるが、このことが図表 7.5 の要である。

①　作業者 A は、前加工を行ってその後で加工時間 1 の段取り 1 を行い、加工時間 1 に入る。それが終了すると、次の段取り 2 を行い加工時間 2 に入り作業を完了する。つまり、1 つの作業が終了して次の作業を行う。（新人に該当）

②　作業員 B は、前加工を行ってその後で加工時間 1 の段取り 1 を行い、加工時間 1 に入る。それが終了すると次の段取り 2 を行い、加工時間 2 に入り作業を完了する。新人と異なる点は、機械による加工時間は同じであるが、段取り時間が短いので、それだけ作業能率はよい。（ベテラン）

③　作業員 C は、前加工時間中にベテランと同じ時間を掛けて加工時間 1 の段取り 1 を行う。次に加工時間 1 の進行中に作業員 B と同様の時間を掛けて次の段取り 2 を行い、加工時間 2 に入り作業を完了する。機械の運転中に、その状況や作業条件を理解しているので並行して段取りなどの仕事ができる。（より工夫のできるベテラン）

　IoT によって、機械と技能者の稼働状況を一括管理し、これまで把握できていなかった段取りとその時間が図式化され作業の「見える化」ができるようになった。技能者のレベルを向上させ、段取り時間を縮小させ、空いた時間で 3 台の機械を担当することができるようになったのである。このことによって、生産管理や工程管理が無駄なく行われるようになり QCD が実現され、高精度の航空宇宙機器部品を納期までに納入することができるようになった。人員も減少され、他の受注にも余裕が出てきたのである。その結果、新規 NC 工作機械を購入することなく現有機で、しかもほぼ 10 分の 1 の費用で売上高は IoT 導入前の 1.8 倍になったと述べている。このことは、マイスターの指導や検定等を通じて技能レベルが向上したことと表裏一体といってもよい。もちろん、当社の技能者たちの高い意欲があったことは言うまでもないことである。

　西川は、IoT 導入の総括として、「技能検定を通じてもう 1 つ見えてきたのが、教育により技能・技術を伝承していくことの重要性です。(中略)これまでの職人の『見て覚えろ』という教育方法を押し付けるのではなく、今の時代に合った教育方法が大切だと思うようになりました」[12] と述べている。

7.4.3　ものづくりマイスターとその指導事例

　事例として取り上げたイハラ鋼業㈱と熱田起業㈱は、先端的製品製作を業務としているため、技能者の養成が不可欠であった。そのため、ものづくりマイスターを招聘し、若手技能者の育成に注力していたのであった。話はやや前後するが、ここで、ものづくりマイスター制度とその導入事例を述べておく。

　さて、近年、若年者の製造業離れが顕著になるにつれ、我が国の製造業の将来性が問われるようになった。そこで若年技能者の技能向上や技能振興を図るため、厚生労働省は「若年技能者人材育成支援等事業」を 2013 年度より立ち上げた。この事業は建設業と製造業を対象とするものであり、優れた技能者に「ものづくりマイスター」の資格を認定し、中小企業や教育機関に招聘されて技能の実技指導を行い技能者の育成と技能伝承を目的とするものである。

　ものづくりマイスターは、「特級・一級・単一等級技能士・技能五輪全国大会(金・銀・銅賞)・これらと同等の資格のいずれかに該当する人」「技能の継承・後継者の育成に意欲的な活動の意志・能力のある人」「実務経験 15 年以上」の 3 条件をクリアした技能士であり、各都道府県技能振興コーナーがその派遣コ

ーディネートをすることになっている。対象分野は機械加工、金型製作、造園、和裁など111職種あり、受けられる対象者は、中小企業の若年者、工業高等学校の生徒、小・中学校の児童・生徒、認定職業訓練施設の訓練生である。2016年現在で、認定者数は8519名である。

　次に、マイスターの導入事例を1つ掲げておく。

7.4.4　【事例】一宮工業㈱ [13]

　一宮工業は、愛知県の東部に所在する従業員30名の中小企業である。業務内容は、各種パレット製造・販売であり、加えて溶接・機械加工部品の製作も行っている。当社も多くの中小企業と同様に、団塊の世代の退職により人手不足に陥り、若年従業員を採用して技能の養成をしなければならなくなったのである。しかし、団塊の世代の多くが引退し指導のノウハウがわからなくなっていたとき、ものづくりマイスターの存在を知り、愛知県職業能力開発協会技能振興コーナーを通じて派遣を要請することにしたのである。このマイスターは、「現代の名工（鉄工）」であり鉄工と電気溶接認定の高須哲夫であった。

　彼は、昔のような時間的余裕があったときに行われていた「見て覚えよ」では今日の若手には通用しないと判断し、これからは作業分析し、状況を判断し、知識と動作をいかに早く行動に移すかを指導するようにした。

　例えば、同じ幅のビードで溶接するためには、これまでどうしていたのかを訓練生に聞くと「同じスピードで溶接棒を動かせばよい」と答えたのである。それでは自動溶接と同じであり、人間は機械でないからそれはできない。このことは、いかに自動化が進もうとも、状況に合わせた作業は人間によらなければならないということを示している。人間には、常に状況判断ができる能力があり、それに応じた行動ができる。それが技術と結び付き、ものづくりが行われるのである。

　そこで、彼は、人間は手元の動作やその場の条件で同じ幅には溶接できないことを説明し、「ビードが小さくなるようならゆっくり動き、大きめになりそうなら早く動かせばよい。」と動作に幅を持たせた逆の指導をしたのである。前者の作業方法は形式知的であり、後者は暗黙知の理解による方法である。高須は、瞬間瞬間を自らの意志と判断で動作をコントロールすることの重要性を説いたのである。

　彼の指導の下に多くの若手従業員が技能検定に合格し、仕事に対する意欲も上がったと経営者は評価している。訓練に技能検定という明確な目標を持ち、合格後はそれが仕事にいかされ評価される仕組みがあったからである。

7.4.5　これからのものづくり

　最後に、これまでの議論をまとめておく。2012 年現在、我が国の名目 GDPは製造業とサービス業はほぼ同じ程度であった。しかし、就業者数からいえば後者は前者の 2 倍以上である。我が国の経済は製造業が支えているといってもよい。このような状況下において、近年、若年者の製造業離れが顕著になり、経済産業省は 2012 年の報告書において、我が国の将来は製造業の一層の発展によらなければならないと提言したのである。これからの産業社会の方向性でもある。

　したがって、AI、IT・IoT がいかに進展しようとも、ものづくりには技能が伴う以上、技能者の育成と技能の伝承は不可欠であるといってもよい。それとともに、これからの技能者は、より高度な複数の技能と情報処理能力を一層要請されるのである。そのことによって、製造業は発展する。

　しかし、技能には形式知と暗黙知があり、後者の習得には優れた技能者の指導と技能者の訓練・学習をするため、長い時間を必要とする。ポラニーのいうように、技能の習得には継続的な学習意欲が要請されるのである。ものづくりは、このことを念頭に技能者育成を行うべきであろう。

第 7 章の参考文献

[1]　経済産業省産業構造審議会：「第 14 回総会資料」。
[2]　厚生労働省職業安定局：「雇用政策研究会報告書「『つくる』『そだてる』『つなぐ』『まもる』、雇用政策の推進」、2012 年 8 月。
[3]　中小企業庁：『平成 5 年版中小企業白書』。
[4]　三宅章介、横山悦生：「バブル景気における経済状況と中小企業経営の課題について－必要な人材像とその過不足状況を中心にして－」、『技術教育学の探求』、名古屋大学大学院教育発達科学研究科技術職業教育研究室、第 19 号、2019 年。
[5]　中小企業庁：『2013 年版中小企業白書』、2013 年。
[6]　経済産業省：『2017 年版ものづくり白書』、2017 年。
[7]　マイケル・ポラニー(著)、佐藤敬三、伊藤俊太郎(訳)：『暗黙知の次元』、紀伊

　　　　國屋書店、1998 年。

[8]　　経済産業省：『2017 年版ものづくり白書』、2017 年。

[9]　　経済産業省：『2019 年版ものづくり白書』、2019 年。

[10]　　経済産業省：『2018 年版ものづくり白書』、2018 年。

[11]　　中小企業庁：『2018 年版中小企業白書』、2018 年。

[12]　　『技能士活用好事例集－企業向け－』(平成 29 年度若年技能者人材育成支援等
　　　　事業)中央技能振興センター、平成 29 年 12 月。

[13]　　中央技能振興センター：『平成 28 年度若年技能者人材育成支援等事業ものづ
　　　　くりマイスター活用好事例集(中小企業編)』、2016 年。

索　引

著者紹介

矢野昌彦（やの　まさひこ）執筆担当：第1章
　名古屋産業大学現代ビジネス学部経営専門職学科教授。博士（工学）。
　専門分野は、ESG（環境・社会・ガバナンス）マネジメント領域、イノベーション・新規事業領域。主な著書：『よくわかる　オープンイノベーション　アクセラレータ入門』（共著、日科技連出版社、2018年）、『CSV経営による市場創造』（共著、日科技連出版社、2015年）。

今永典秀（いまなが　のりひで）執筆担当：第2章
　名古屋産業大学現代ビジネス学部経営専門職学科准教授。博士（工学）。
　専門分野は、経営学・キャリア教育・場づくり。主な著書：『企業のためのインターンシップ実施マニュアル』（共著、日本能率協会マネジメントセンター、2021年）。

世古雄紀（せこ　ゆうき）執筆担当：第3章
　名古屋産業大学現代ビジネス学部経営専門職学科准教授。経営学修士（専門職）。
　専門分野は、企業の基幹及び情報系ITシステム、データ基盤およびその活用。また、SIer（System Integration：システムインテグレーション）、IT支援、コンサルティングなどを兼業。

新保友恵（しんぼ　ともえ）執筆担当：第4章
　名古屋産業大学現代ビジネス学部現代ビジネス学科講師。修士（社会デザイン学）。
　キャリアコンサルタント。専門分野は社会デザイン学、キャリア教育、人的資源管理論。

宮坂まみ（みやさか　まみ）執筆担当：第5章
　名古屋産業大学現代ビジネス学部現代ビジネス学科ビジネス心理コース講師。博士（教育学）。
　臨床心理士、公認心理師。専門分野は臨床心理学、認知心理学。

冨田裕平（とみた　ゆうへい）執筆担当：第6章
　名古屋産業大学現代ビジネス学部経営専門職学科准教授。修士（経済学）。
　税理士。専門分野は、会計学・税法。主な著書：『図解決算書』（共著、アタックスグループ編著、あさ出版、2009年）。

三宅章介（みやけ　あきゆき）執筆担当：第7章
　名古屋産業大学現代ビジネス学部特任教授。博士（教育学）。
　専門分野は、経営管理論、人事労務管理論、企業内教育論、キャリア教育論。

経営専門職入門

幸福をもたらす社会ビジネスデザインとは

2021 年 3 月 28 日　第 1 刷発行

著　者	矢野	昌彦	今永	典秀
	世古	雄紀	新保	友恵
	宮坂	まみ	冨田	裕平
	三宅	章介		
発行人	戸羽	節文		

検　印
省　略

発行所　株式会社 日科技連出版社

〒 151-0051　東京都渋谷区千駄ヶ谷 5-15-5 DS ビル

電　話　出版　03-5379-1244
　　　　営業　03-5379-1238

Printed in Japan

印刷・製本　河北印刷㈱

© *Masahiko Yano, Norihide Imanaga, Yuuki Seko, Tomoe Shinbo, Mami Miyasaka, Yuuhei Tomita, Akiyuki Miyake 2021*

ISBN 978-4-8171-9731-3

URL https://www.juse-p.co.jp/